大国之声

2023

人民日报国际部 ◎ 编

人民日报国际评论「钟声」

人民日报出版社

北京

图书在版编目（CIP）数据

大国之声：人民日报国际评论"钟声"．2023 / 人
民日报国际部编 . — 北京：人民日报出版社，2024.4
ISBN 978-7-5115-8219-5

Ⅰ . ①大… Ⅱ . ①人… Ⅲ . ①时事评论－世界－
2023 －文集 Ⅳ . ① D5-53

中国版本图书馆 CIP 数据核字（2024）第 039838 号

书　　　名：大国之声：人民日报国际评论"钟声"．2023
　　　　　　DAGUOZHISHENG: RENMINRIBAO GUOJI PINGLUN "ZHONGSHENG".2023
作　　　者：人民日报国际部

出 版 人：刘华新
责任编辑：蒋菊平　徐　澜
版式设计：九章文化

出版发行：人民日报出版社
社　　　址：北京金台西路 2 号
邮政编码：100733
发行热线：(010) 65369527　65369512　65369509
邮购热线：(010) 65369530　65363527
编辑热线：(010) 65369528
网　　　址：www.peopledailypress.com
经　　　销：新华书店
印　　　刷：大厂回族自治县彩虹印刷有限公司
法律顾问：北京科宇律师事务所　010-83622312

开　　　本：710mm×1000mm　1/16
字　　　数：191 千字
印　　　张：12
版次印次：2024 年 4 月第 1 版　　2024 年 4 月第 1 次印刷

书　　　号：ISBN 978-7-5115-8219-5
定　　　价：39.00 元

目录

第一章　本着对历史、对人民、对世界负责的态度发展中美关系

第二章　无视中国抗疫贡献是对历史的不负责任

第三章　遏制打压阻挡不了中国发展的步伐

第四章　符合国际大义、顺应时代潮流的正确选择

第五章　美国霸权霸道霸凌行径严重危害世界

第六章　美式民主无法有效保障美国人权

第七章　日本强推核污染水排海极端不负责任

第八章　基于"小圈子"搞集团政治没有未来

壹

本着对历史、对人民、对世界负责的态度
发展中美关系

中美必须找到正确相处之道

中美这么两个大国，没有一些大的原则性共识是不行的。有了原则，才有方向，有了方向，才能妥处分歧、拓展合作

中美元首巴厘岛会晤以来，两国外交安全团队和财金、经贸团队多次进行沟通，跟进两国元首讨论的重大问题，落实双方达成的共识。国际社会普遍希望中美双方共同努力，找到两个大国正确相处之道，为变乱交织的世界增添稳定性，为促进全球经济疫后复苏、应对气候变化、解决地区热点问题等发挥大国作用。

近年来，美国对华政策始终放不下将中国视为所谓"战略竞争对手"的执念，导致中美关系始终走不出困局，也给世界和平发展带来了不稳定因素。美国耶鲁大学高级研究员罗奇不久前发出警示，如果美中仍然争端不断，那么双方解决重大全球问题的能力将严重受限。美方应该明白的是，任何时候世界都有竞争，但竞争应该是相互借鉴、你追我赶，共同进步，而不是你输我赢、你死我活，搞盲目反华是行不通的。

习近平主席指出，中美这么两个大国，没有一些大的原则性共识是不行的。有了原则，才有方向，有了方向，才能妥处分歧、拓展合作。巴厘岛会晤期间，两国元首一致认同确立中美关系指导原则的重要性，就此进行了建设性探讨。中方强调中美应坚持相互尊重、和平共处、合作共赢，就是要给中美关系发展指明方向，确保中美关系沿着正确航向前行，不偏航、不失速，更不能相撞。

相互尊重是中美交往积累的重要经验，也是双边关系重回正轨的基本前提。中美是两个历史文化、社会制度、发展道路不同的大国，过去和现在有差异和分歧，今后也还会有，但这不应成为中美关系发展的障碍。中国尊重美国

的社会制度，从不赌美国输，希望美国继续开放自信，保持发展进步。同样，美国也应当尊重中国的发展道路。中国共产党领导和中国社会主义制度得到14亿多人民拥护和支持，是中国发展和稳定的根本保障。中美相处很重要一条就是承认这种不同，尊重这种不同，而不是强求一律，试图去改变甚至颠覆对方的制度。美方必须准确把握这一点，避免任由意识形态偏见裹挟对华政策，切实将"尊重中国的体制，不寻求改变中国体制"等承诺体现在具体行动上，而不是说一套做一套。

中美不冲突、不对抗、和平共处，这是两国最基本的共同利益。中国坚定奉行独立自主的和平外交政策，始终坚持维护世界和平、促进共同发展的外交政策宗旨。美国一些人摆脱不了冷战思维，看到中国一步步发展起来，就把中国当作假想敌。这是中美和平共处的重大障碍，美方必须尽快破除。遵守国际关系基本准则和中美三个联合公报，这是双方管控矛盾分歧、防止对抗冲突的关键，也是中美关系最重要的防护和安全网。中美一旦冲突对抗，无论是冷战、热战，还是贸易战、科技战，最终将损害中美两国和世界各国利益。台湾问题是中国核心利益中的核心，是中美关系政治基础中的基础，是中美关系第一条不可逾越的红线。美方应放下围堵遏制中国的执念，以实际行动落实"不寻求'新冷战'，不寻求通过强化盟友关系反对中国，不支持'台湾独立'，也不支持'两个中国''一中一台'，无意同中国发生冲突"。

合作共赢是中美关系半个世纪以来的真实叙事，也是双方应当继续争取的共同目标。中美在双多边领域存在广泛共同利益，可以合作、应该合作的事情很多，双方应努力使合作清单越拉越长，而不是越缩越短。根据中国海关统计，2022年中美进出口总额达5.05万亿元人民币，创下历史新高。这充分说明，尽管美方一些人执意要对华搞"脱钩断链"，但中美两国人民的选择是合作，中美合作的动力是共赢。巴厘岛会晤期间，拜登总统明确表示"无意寻求同中国'脱钩'，无意阻挠中国经济发展"。美方应言行一致，停止把经贸科技问题政治化、武器化。在应对各类全球性挑战方面，中美合作是国际社会的普遍期待。美国前财长保尔森近日在《外交事务》撰文指出，美中如果没有稳定的关系，不能在有共同利益的议题上开展合作，世界将变得"非常危险和不那么繁荣"。

中美找到正确相处之道是两国人民和世界各国人民的共同期待。双方应本着对历史、对世界、对人民负责的态度，确立对话而非对抗、双赢而非零和的交往基调，以实际行动推动中美关系重返健康稳定发展轨道，造福两国，惠及世界。

2023 年 2 月 1 日第 3 版

"脱钩断链"行不通，深化合作是出路

中美两国经济深度融合，既脱不了钩，也断不了链。作为世界最大的两个经济体，中美应以深化合作来推动两国关系的发展

近年来，美方沉迷于通过"脱钩断链"迟滞甚至中断中国发展进程。在经贸方面，美方对中国输美商品加征关税并维持至今，不仅出于政治目的限制中国企业赴美投资，还不断鼓动限制美国企业对华投资；在科技方面，美方不仅政治打压中国高科技企业，还滥用出口管制，胁迫、诱拉一些国家组建遏制中国的小圈子。美方做法严重破坏市场规则和国际经贸秩序，威胁全球产业链供应链稳定，危害世界经济复苏发展。

对华经济脱钩不切实际。中美经贸合作是基于比较优势和市场选择形成的结构高度互补、利益深度交融的互利共赢关系，互利共赢让中美经贸合作拥有强大的内生动力。近两年，中美贸易额屡创新高，2021年突破7500亿美元，2022年达到近7600亿美元，远高于2017年的5837亿美元。彭博社指出，这一现象值得思考，"虽然过去几年中美脱钩的论调很盛行，但现实并非如此"。中国产业配套完整，基础设施良好，有14亿多人口、4亿多中等收入群体，以及全球最庞大的市场规模和巨大消费潜力。中国市场的巨大吸引力，让投资中国就是投资未来成为商界普遍共识。美方试图将产业链转移出中国，并不符合美国企业利益。中国美国商会2022年《美国企业在中国》白皮书显示，中国仍是美国企业的首选市场，83%的企业没有将制造或采购转移出中国的打算。

强行脱钩只会得不偿失。美国耶鲁大学经济学教授戈德伯格撰文指出，美国似乎忘记了过去几十年从中国获益颇丰的事实，针对中国采取了一系列措施，"这种认为全球经济繁荣只是零和博弈的想法是错误的，中国崛起并不一定意味着美

国就要衰落"。美方固守零和博弈思维，执意挑起贸易战，人为"筑墙设垒"，只会损人不利己。有关研究早就表明，美国单方面挑起的贸易战，绝大部分成本由美国企业和消费者承担。美国商会发布的报告显示，与中国脱钩严重威胁美国在贸易、投资、服务和工业等领域的利益，美国投资者可能因脱钩每年损失250亿美元资本收益，美国国内生产总值将因此损失最多高达5000亿美元。美国一家半导体企业预测，新一轮对华出口管制将导致数十亿美元的收入损失，减少其可用于维持全球竞争力的研发资金。美国前财长萨默斯认为，如果美国决定奉行以国家安全的名义压制中国经济增长的政策，"那将是一个巨大而惊人的错误"。

事实一再说明，中美之间脱不了钩，断不了链。美方强推对华"脱钩断链"，为此甚至不惜让自己和盟友付出沉重代价，这种做法违背经济规律，是非理性、不可持续的选择。经济全球化是生产力发展的客观要求和不可阻挡的历史潮流。即使面对美方遏制打压，中国也已经连续6年保持世界第一货物贸易大国地位，平均每分钟就有7300多万元人民币的货物在中国与世界各国之间进出。美国对华搞"脱钩断链"，改变不了经济全球化的现实，只会把对华合作机遇拱手让给其他国家。中国有世界最完整的产业体系和潜力最大的内需市场，具有大国经济内部可循环的基本条件，这是应对遏制打压的坚强保障和最大底气。"脱钩断链"阻挡不了中国在创新指标上继续进步，也阻挡不了中国经济高质量发展的进程。

美方为遏制打压中国，大搞单边主义、保护主义，危害的是世界经济。澳大利亚东亚论坛网站近日发表评论指出，美国的政策看起来非常像粗暴的保护主义产业政策，美国现在已经变成国际贸易体系的"总破坏者"。国际货币基金组织总裁格奥尔基耶娃警告，如果陷入严重的贸易碎片化，其长期成本将占全球产出的7%；如果加上技术脱钩，一些国家的损失可能高达国内生产总值的12%。世界贸易组织总干事伊维拉也表示，"脱钩断链"不利于世界经济和国际贸易发展。新加坡前副外长比拉哈里·考西坎认为，美国和中国都是全球体系中"重要的、不可替代的"部分，如果对脱钩的最坏担心成为现实，那么对美中两国和全球经济来说，代价将是非常高昂的。

中美两国经济深度融合，可以从对方发展中获益。作为世界最大的两个经济体，中美应以深化合作来推动两国关系的发展。双方应该相互尊重，互惠互利，着眼大局，为双方合作提供好的氛围和稳定的关系。

2023年2月2日第3版

阵营对抗没有前途，互利共赢人心所向

越来越多国家认识到，跟随美国盲目反华行不通，与美国对华政策保持距离、加强战略自主符合自身利益，采取理性务实的对华政策才是正路

本届美国政府到处拼凑"小圈子"，企图围堵中国，迟滞甚至阻碍中国发展。这种违逆时代潮流、制造集团政治和阵营对抗的做法，引起了国际社会广泛担忧。即使在美国盟友中，也有越来越多国家认识到，跟随美国盲目反华行不通，与美国对华政策保持距离、加强战略自主符合自身利益，采取理性务实的对华政策才是正路。

美国执意将中国当作假想敌，把中国定义为"最重大的地缘政治威胁"。美国政客到处渲染"中国威胁"，挑拨有关国家同中国关系，并利用盟友对其传统依赖，使用胡萝卜加大棒的手段，拉拢甚至胁迫他国选边站队。美国炮制所谓"民主对抗威权"叙事，试图拼凑所谓"价值观联盟"，强化甚至扩张军事集团。美方种种挑动阵营对抗的做法对国际秩序稳定构成了严重挑战，对亚太及全球和平安全造成严重威胁。

美国嘴上谈的是"盟友""价值观""国际规则"，心里盘算的却始终是"美国利益""美国优先""美国霸权"。抢走法国价值数百亿美元的潜艇订单；出台《通胀削减法案》，以"掏空"欧洲制造业的方式"保护"甚至壮大美国制造业；不计后果逼迫盟友搞对华"脱钩断链"……事实一再表明，美国只是把盟友当作棋子，盟友的利益必须为美国霸权私利让路。澳大利亚前驻日本大使约翰·梅纳杜一针见血地指出，美国是"一个充满危险的、不可靠的盟友"。英国《经济学人》刊文指出，美国总想保持对其他经济强国的技术优势，如今美国正以新方式追求这一目标：从"跑得更快"转向"跑得更快、绊倒别人"的政策。

历史反复证明，对抗只会带来灾难性后果。美国企图复制冷战剧本遏制打压中国，是对国际格局和时代潮流的严重误判。世界早已不是过去的世界。当前，各国利益深度交融，"吹灭别人的灯，会烧掉自己的胡子"是现实的真实写照。搞保护主义、单边主义，谁也保护不了，最终只会损人害己。搞霸权霸凌，更是逆历史潮流而动。稳定的国际秩序是所有国家都离不开的公共产品，人为挑起对抗、制造割裂只会损害国际社会共同利益。中国已同世界经济和国际体系深度融合，是140多个国家和地区的主要贸易伙伴。孤立中国、限制对华合作不符合任何一方利益，也不可能成为现实。中国的发展是世界和平与发展的机遇，美国一些人所幻想的围堵中国在国际社会根本没有市场。正如美国前财长保尔森等有识之士所指出的，全球近2/3的国家与中国的贸易额超过了与美国的贸易额，各国并没有寻求在经济上和中国脱钩，而是继续深化与中国的贸易往来。

许多美国盟友认识到，冷战思维早已过时，跟随美国挑起"新冷战"不符合自身利益。法国总统马克龙呼吁中美避免对抗，强调中美竞争是巨大的风险和挑战。德国总理朔尔茨表示，中国是德国和欧洲的重要经贸伙伴，德方坚定支持贸易自由化，支持经济全球化，反对"脱钩"，愿同中方继续深化经贸合作，支持两国企业相互赴对方开展投资合作；世界需要一个多极化的格局，德方反对搞阵营对抗。欧洲理事会主席米歇尔指出，中国不搞扩张，是维护联合国宪章宗旨和支持多边主义的重要伙伴，欧盟愿做中方可靠、可预期的合作伙伴。许多亚太国家对美方挑起集团对抗的做法保持警惕。越共中央总书记阮富仲强调，越方不容许任何国家在越南建立军事基地，不参加任何军事联盟，不使用武力对付任何国家，不联合一国反对另一国。菲律宾、泰国等亚太国家领导人也明确指出，不会在中美之间选边站队。

美国应告别冷战旧梦，认清美式霸权不得人心，集团对抗没有前途，"小院高墙"封闭退步，"脱钩断链"损人害己。美方应以冷静、理性、现实的态度看待和处理中美关系，停止对华遏制打压，将"无意寻求同中国'脱钩'，无意阻挠中国经济发展，无意围堵中国"的承诺落到实处，为世界和平发展承担大国应有的责任。

2023 年 2 月 3 日第 3 版

相向而行，共同努力，让中美关系稳下来、好起来

中方将坚持按照相互尊重、和平共处、合作共赢的原则处理中美关系。希望美方采取理性务实态度，同中方相向而行，共同努力，坚持两国元首巴厘岛会晤达成的共识，把有关积极表态落实到行动上，让中美关系稳下来、好起来

"两国应该本着对历史、对人民、对世界负责的态度，处理好中美关系，为全球和平与发展作出贡献，为变乱交织的世界注入稳定性、确定性、建设性。"6月19日，习近平主席在北京会见美国国务卿布林肯，高屋建瓴阐明对稳定发展中美关系的原则立场，提出战略性、指导性意见，充分展现中方推动中美关系稳下来、好起来的大国担当。

去年11月，中美两国元首在印度尼西亚巴厘岛成功举行会晤，为中美关系校准航向、重回正轨创造了来之不易的积极势头。然而，美方此后一系列错误言行导致中美双方商定的对话与合作议程受到干扰。透过这一曲折过程，国际社会进一步看到，美国对华认知和定位出现严重偏差，是当前中美关系困难不断的根本症结。美方执意把中国当成最主要对手和最大地缘政治挑战，导致其对华政策完全脱离了理性健康的正轨。

布林肯国务卿此访正值中美关系处在一个关键节点，需要就对话还是对抗、合作还是冲突作出选择。访问期间，中美双方举行的会见会谈是坦诚、深入、建设性的。中方指出，导致中美关系陷入低谷的根源在于美方抱持错误的对华认知、制定错误的对华政策；美方应秉持客观理性的对华认知，同中方相向而行，维护好中美关系的政治基础，冷静、专业、理性处理意外偶发事件，共同管控分歧，避免战略意外；应不折不扣落实中美元首巴厘岛会晤共识，推

动中美关系止跌企稳，重回正轨。双方达成了一些积极共识和成果，其中最重要的是同意共同落实两国元首巴厘岛会晤共识，回到会晤确定的议程。

中方接待布林肯国务卿来访，充分表明中方对美政策始终保持连续性和稳定性，中方致力于构建稳定、可预期、建设性的中美关系。正如习近平主席所指出的，宽广的地球完全容得下中美各自发展、共同繁荣。中国人民和美国人民一样，都是自尊自信自强的人民，都拥有追求美好生活的权利，两国之间存在的共同利益应该得到重视，各自取得成功对彼此都是机遇而非威胁。中方始终希望中美关系能够健康稳定，相信两个大国能够排除万难，找到相互尊重、和平共处、合作共赢的正确相处之道。这是真正对历史、对人民、对世界负责的态度。

大国竞争不符合时代潮流，更解决不了美国自身的问题和世界面临的挑战。当前，国际社会普遍对中美关系现状感到担忧，不希望看到两国冲突对抗，不愿在中美之间选边站队，期盼中美和平共处、友好合作。美国前国务卿基辛格近日多次就中美关系发出警示，强调人类命运取决于美中能否和平共处，美中之间的冲突不可能有获胜方。中国尊重美国的利益，不会去挑战和取代美国。同样，美国也要尊重中国，不要损害中国的正当权益。任何一方都不能按照自己的意愿塑造对方，更不能剥夺对方正当发展权利。台湾问题是中国核心利益中的核心，是中美关系最重大的问题，也是最突出的风险。美方必须恪守一个中国原则和中美三个联合公报，将不支持"台独"的承诺真正落到实处。

管控和稳定中美关系是一个持续不间断的进程，是进行时，不是过去时也没有完成时。要让对话充分释放积极效应，必须怀着真正的诚意，积极落实对话取得的共识和成果，不能为沟通而沟通，更不能说一套做一套。中方致力于维护中美关系稳定，对话的大门始终敞开，但决不会以牺牲国家利益为代价。美方重申不寻求"新冷战"、不寻求改变中国制度、不寻求通过强化盟友关系反对中国、不支持"台湾独立"、无意同中国发生冲突。希望美方说到做到。

习近平主席会见布林肯国务卿的现场摆放着盛开的荷花，"荷"与"和""合"谐音。中方将坚持按照相互尊重、和平共处、合作共赢的原则处理中美关系。希望美方采取理性务实态度，同中方相向而行，共同努力，坚持两国元首巴厘岛会晤达成的共识，把有关积极表态落实到行动上，让中美关系稳下来、好起来。

2023 年 6 月 21 日第 2 版

以竞争定义全部中美关系是严重误判

美方所谓"竞争"就是对华进行全方位围堵和无底线遏制打压。美方的错误认知和做法，既是对中美相互依存现实的漠视，更是对两国合作共赢历史的歪曲

近年来，美方在谈论中美关系时言必提"竞争"，仿佛竞争已经成为中美关系的最大主题，甚至是全部议题。从"竞争、合作、对抗"的"三分法"，到"投资、结盟、竞争"的"三点论"，"竞争"主导了美国对华政策的主基调。美方采取的诸多举措充分说明，美方所谓的"竞争"，已成为对华进行全方位围堵和无底线遏制打压的代名词。

中美作为两个大国，在经贸、科技等一些领域存在竞争是正常的。这种竞争应该是公平、合理的，是良性、有规则的，有红线、有禁区，不应无视市场经济规则和国际关系基本准则，更不能将核心利益问题作为竞争工具、挑衅手段。美国以竞争之名动用国家机器打压他国，企图牺牲别国利益甚至阻挡别国发展进步来谋求自身竞争优势，完全背离了竞争的本义，只能暴露出赤裸裸的零和冷战思维。

美方完全没有进行合理竞争的意愿。肆意挥舞制裁大棒，强推"脱钩断链"和所谓"去风险"；出于意识形态偏见，泛化国家安全概念，滥施管制和审查、构筑"小院高墙"；炮制"民主对抗威权"虚假叙事，拉帮结派打造对华"围堵圈"，强迫其他国家选边站队，煽动对抗、破坏和平；在涉及中国政治制度、领土主权等核心利益问题上不断发起挑衅，严重违背国际关系基本准则，严重损害中美关系政治基础。美方不择手段给中方使绊子，其实质是要剥夺中国人民自主选择发展道路的权利，剥夺中国人民追求美好生活的权利，剥夺中国正

当发展的权利，剥夺中国实现国家统一的权利，剥夺中国同别国发展正常关系的权利。

美方将竞争视为对华关系的全部，根本原因在于美方的对华认知出现了方向性问题。美方持续将中国定位为"最严峻竞争对手""最严重长期挑战""最重大地缘政治挑战""最重大系统性挑战""唯一既有意图也有实力重塑国际秩序的竞争对手"，是拿其国强必霸的模板来镜像中国，是用西方传统大国走过的轨迹来误判中国。从零和思维的视角看世界，分裂、竞争、冲突就成为关键词；从命运与共的视角看世界，开放、合作、共赢就是终极选项。美方的错误认知和做法，既是对中美相互依存现实的漠视，更是对两国合作共赢历史的歪曲，正以危险的方式影响中美关系。新加坡副总理黄循财日前警告，美国对华政策即将成为"世界的大问题"。

中美对全球和平稳定、繁荣发展肩负特殊责任，世界需要总体稳定的中美关系。中美应该从两国共同利益和人类前途命运的高度，看一看谁能把国家治理得更好、让本国人民安居乐业，谁能为全球疫后复苏增长提供更大动能，谁能为应对气候变化提供更多公共产品，谁能为解决地区热点问题提供更好方案，谁能让双方和全球80亿人民共同生存的星球更安全、更和平、更繁荣。

宽广的地球完全容得下中美各自发展、共同繁荣。美方应抛弃零和博弈和冷战思维，跳出竞争对抗逻辑，本着对历史、对人民、对世界负责的态度，同中方相向而行，实现相互尊重、和平共处、合作共赢。只有这样，两国才能相互借鉴，共同进步，共同承担大国应有的国际责任，为全球和平与发展贡献大国智慧和力量。

2023 年 9 月 14 日第 17 版

推动中美关系真正稳下来、好起来

双方应坚持相互尊重、和平共处、合作共赢三原则，在重返两国元首巴厘岛会晤共识基础上，推动中美关系止跌企稳，尽快回到健康稳定发展轨道

近来，中美开展了一系列重要高层交往，民间友好续写新的篇章，两国关系出现了一些积极迹象，受到两国各界和国际社会的普遍欢迎。中美关系健康稳定发展不仅符合两国和两国人民根本利益，也是国际社会的共同期待。双方应坚持相互尊重、和平共处、合作共赢三原则，在重返两国元首巴厘岛会晤共识基础上，推动中美关系止跌企稳，尽快回到健康稳定发展轨道。

中美关系是世界上最重要的双边关系，中美两国能否正确相处事关人类前途命运。52年前，两国领导人以卓越的战略眼光，作出中美合作的正确抉择，开启了中美关系正常化进程，既造福了两国，也改变了世界。中美关系发展到今天，成果来之不易，值得倍加珍惜。当前世界正在经历百年未有之大变局，国际格局发生重大变化，世界比以往更加需要总体稳定的中美关系。正如美国前国务卿基辛格近日所指出的，中美之间的和平与进步符合两国利益，也符合整个世界的利益。

坚持相互尊重、和平共处、合作共赢是中方对美一以贯之的政策。中方始终认为两国应该是伙伴而不是对手，始终相信中美应该互利共赢而不是零和博弈，始终期待中美关系稳下来、好起来而不是滑向冲突对抗。中方始终认为，要跳出竞争对抗逻辑，照顾彼此利益和关切，寻求交流合作的最大公约数，画出合作共赢的最大同心圆。

历史和现实反复证明，中美合则两利，斗则俱伤，合作始终是中美两国的最好选择。双方曾携手打击恐怖主义、应对国际金融危机、阻击埃博拉病毒、

引领达成气候变化《巴黎协定》，合作办成了一件件造福世界的大事好事。面对当前日益增多的全球性挑战，双方更应该选择合作的正确道路。全球经济复苏、应对气候变化、解决国际和地区热点问题，都需要中美协调和合作。要充分认识到，宽广的地球完全容得下中美各自发展、共同繁荣。中美两国是全球前两大经济体，经济总量超过世界 1/3、人口总数占世界近 1/4、双边贸易额约占世界 1/5，双方利益交融十分紧密。两国之间存在的共同利益应该得到重视，各自取得成功对彼此都是机遇而非威胁。

中美关系近年出现波折，根源在于美方对华认知和对华定位出现了严重偏差。美方一些人抱持冷战思维，以竞争之名行围堵遏制打压之实。这种做法只会将中美推向对抗冲突，将世界推向分裂动荡的"新冷战"。中美这么大体量的两个国家，拥有不同的历史文化、社会制度，出现一些分歧和竞争难以避免，但这并不妨碍双方基于共同利益开展合作，也不应成为中美对立对抗的理由。不能以竞争来定义全部中美关系，发展中美关系要守住底线。一个中国原则和中美三个联合公报是两国关系最重要的政治基础，必须排除干扰，切实维护。

发展好中美关系，需要汇聚各方力量。中美关系基础在民间，希望在人民，未来在青年，活力在地方。鼓岭故事和鼓岭情缘生生不息，华盛顿州"美中青少年学生交流协会"致力于推动美中青年相互了解，史迪威将军家族几代人推动对华友好合作，飞虎队精神在两国人民之间代代传承，加利福尼亚州拓展对华绿色合作……一个个鲜活事例，生动呈现出中美人民友谊深厚、两国合作潜力巨大。中国推动中美开启各层级对话、交流，体现了大国外交的宽广视野、长远眼光、责任担当。

当前，国际局势变乱交织，中美关系也处于关键十字路口。双方要本着对世界、对历史、对人民负责任态度，按照相互尊重、和平共处、合作共赢三原则，推动中美关系真正稳下来、好起来。希望美方同中方相向而行，朝着这个方向不断努力。

2023 年 10 月 31 日第 3 版

本着对历史、对人民、对世界负责的态度发展中美关系
——瞩望中美元首旧金山会晤

中美两国元首时隔一年再次面对面会晤，对推动中美关系真正稳下来、好起来具有重要意义，对携手应对全球性挑战、推动世界和平发展亦具有重要意义

应美国总统拜登邀请，国家主席习近平将赴美国旧金山举行中美元首会晤，同时应邀出席亚太经合组织第三十次领导人非正式会议。两国元首将就事关中美关系的战略性、全局性、方向性问题，以及事关世界和平与发展的重大问题深入沟通。这是习近平主席时隔 6 年再次到访美国，也是中美两国元首时隔一年再次面对面会晤，意义重大，举世瞩目。

中美关系是世界上最重要的双边关系。中美能否确立正确相处之道，攸关世界和平发展和人类前途命运。元首外交对两国关系发展发挥着不可替代的战略引领作用。2021 年 2 月以来，习近平主席多次同拜登总统通电话、会晤，着力引领中美关系沿着正确轨道向前发展。习近平主席 2021 年 11 月在同拜登总统举行视频会晤时指出："未来 50 年，国际关系中最重要的事情是中美必须找到正确的相处之道。"中方对美政策一以贯之，就是坚持相互尊重、和平共处、合作共赢。中方愿在此基础上同美方探讨两国正确相处之道，推动中美关系稳步向前。

去年 11 月，习近平主席同拜登总统在印度尼西亚巴厘岛举行会晤，达成一系列重要共识，对中美关系产生重要深远影响。中美元首巴厘岛会晤明确了一个方向，就是要防止中美关系脱轨失控，找到两个大国正确相处之道；确定了一个框架，就是要共同探讨确立中美关系指导原则或战略性框架；启动了一

个进程，就是要将两国元首重要共识落到实处，管控和稳定中美关系。近一段时间，中美双方落实两国元首巴厘岛会晤共识，增加高层互动，启动一系列对话机制，激活地方、民间、人文等多个领域交流合作，双边关系出现止跌企稳的势头。

中美两国元首时隔一年再次面对面会晤，对推动中美关系真正稳下来、好起来具有重要意义，对携手应对全球性挑战、推动世界和平发展亦具有重要意义。中美"重返巴厘岛、通往旧金山"，符合双方共同利益和国际社会普遍期待。

近年来中美关系跌宕起伏的经验教训表明，中美应该始终遵循相互尊重、和平共处、合作共赢三原则。相互尊重是前提，和平共处是底线，合作共赢是目标。两国的差异过去有，现在有，今后还会有，但这不能妨碍中美求同存异、开展合作。中国不会成为另一个美国，美国也无法依照自己的好恶改造中国，两国相互尊重、相互包容是唯一选择。遵守国际关系基本准则和中美三个联合公报，这是双方管控矛盾分歧、防止对抗冲突的关键。美方应摒弃冷战思维、对抗心态，以切实行动和具体政策弥补"行动赤字"，增加中美战略互信。合作共赢是中美关系半个世纪以来的真实叙事，以竞争定义全部中美关系，既不尊重历史，也不符合事实。中美共同利益远远大于分歧，中美各自取得成功对彼此是机遇而非挑战。双方完全可以相互成就、共同繁荣，造福两国，惠及世界。

中美作为两个大国，肩负特殊责任，理应展现大国的胸怀、视野和担当。唯有本着对历史、对人民、对世界负责的态度，处理好中美关系，才能不断增进两国人民福祉，促进人类社会进步，为世界和平发展作出贡献。

对历史负责，就是要汲取历史经验，把握历史主动。历史是过去的今天，今天是未来的历史。无论是中美两国人民在世界反法西斯战争的烽火硝烟中同仇敌忾，共同捍卫和平与正义，还是建交以来两国关系历经风雨不断发展，造福了两国和世界，历史事实都一再证明，中美合则两利，斗则俱伤，合作始终是中美两国的最好选择。美方一些人炒作所谓"对华接触失败论"，背离历史真相。美方将中国定位为"最主要竞争对手""最重大地缘政治挑战"等，不符合事实，是对历史的不负责任。大国竞争不符合时代潮流，更解决不了现实挑战。站在历史发展的关键当口，中美的每一个抉择都将为历史所公正记录。双方应该从历史发展的高度看待和处理彼此关系，共同探讨新时期两国正确相处之道，确保中美关系是推动历史进步的力量。

对人民负责，就是要正视共同利益，追求相互成就。近来，中美民间交往不断书写新的动人故事。"鼓岭之友"延续100年前的友谊佳话，"美中青少年学生交流协会"为中美青年友好交往积极行动，飞虎队老兵传承和弘扬中美合作的宝贵精神财富，费城交响乐团续写与中国人民之间跨越半个世纪的音乐友谊……加强交流、深化友谊、合作共赢是两国人民的共同期待和共同选择。中美关系近年来处于困难局面，这不符合两国人民的根本利益。"脱钩断链"的成本最终要由人民埋单，阻遏交流切断的是人民相知相亲的渠道，搞大国对抗牺牲的是人民的发展机遇。中美双方要想两国人民之所想、行两国人民之所盼，多走动、多对话、多交流，消融误解误判的坚冰，构筑相互了解的桥梁。

对世界负责，就是要倾听国际呼声，引领全球合作。中美两国是联合国安理会常任理事国、全球前两大经济体，经济总量超过世界1/3、人口总数占世界近1/4、双边贸易额约占世界1/5，对世界的和平、稳定与发展负有重要责任。世界进入新的动荡变革期，不确定、不稳定、难预料因素增多。国际社会普遍希望中美关系早日重回健康稳定发展轨道，为变乱交织的世界注入稳定性、确定性、建设性。放眼当前世界，全球经济疫后复苏、应对气候变化、解决地区热点问题等都离不开中美协调合作。双方合力应对全球性挑战，不仅是世界和平发展之需，也是大国责任之所在。

百年未有之大变局下，每一个负责任的政治家都必须以信心、勇气、担当，回答时代课题，作出历史抉择。中美双方应坚持相互尊重、和平共处、合作共赢三原则，本着对历史、对人民、对世界负责的态度，朝着推动中美关系健康稳定发展相向而行、不断努力。

2023 年 11 月 12 日第 3 版

推动两国关系朝着健康、稳定、可持续的方向发展

当地时间 11 月 15 日，习近平主席在美国旧金山斐洛里庄园同美国总统拜登举行中美元首会晤。这是一次具有战略意义和深远影响的元首峰会。两国元首就事关中美关系的战略性、全局性、方向性问题以及事关世界和平和发展的重大问题坦诚深入地交换了意见。习近平主席全面阐述中方对于稳定改善中美关系的权威立场，阐明双方要做出正确历史选择，找到正确相处之道，开辟旧金山愿景。会晤取得多方面成果，不仅为中美关系增信释疑、管控分歧、拓展合作，也为动荡变革的世界注入确定性、提升稳定性。

作为世界前两大经济体，中美到底是伙伴还是对手？是互利合作还是对立对抗？这是一个根本性的问题，不能犯颠覆性错误。如果把对方视为最主要竞争对手、最重大地缘政治挑战和步步紧逼的威胁，必然导致错误的政策、采取错误的行动、产生错误的结果。习近平主席郑重指出："中美不打交道是不行的，想改变对方是不切实际的，冲突对抗的后果是谁都不能承受的。大国竞争解决不了中美两国和世界面临的问题。这个地球容得下中美两国。中美各自的成功是彼此的机遇。"中国希望和美国做伙伴，坚持从人类前途和地球未来的高度思考和谋划中美关系，充分彰显中国对历史、对人民、对世界高度负责的大国格局与担当。

中国处理中美关系的根本遵循就是相互尊重、和平共处、合作共赢。这既是从 50 年中美关系历程中提炼出的经验，也是历史上大国冲突带来的启示，应该是中美共同努力的方向。相互尊重是人与人打交道的基本礼数，也是中美两国相处的起码准则。中美各自走的发展道路不同，但都是人民的选择，都通向全人类共同价值，都应该得到尊重。和平共处是国际关系基本准则，更是中

美两个大国必须守住的底线。中国从不赌美国输，从不干涉美国内政，也无意挑战和取代美国，乐见一个自信开放、发展繁荣的美国。美国也不要赌中国输，不要干涉中国内政，应该欢迎一个和平、稳定、繁荣的中国。合作共赢是时代发展的潮流，也是中美关系应该有的底色。中国正致力于高质量发展，美国也在着力振兴经济，双方合作空间无限广阔，完全可以相互成就、互利共赢，应共同把合作的清单拉得更长，把合作的蛋糕做得更大。

近一段时间，中美双方积极落实两国元首巴厘岛会晤共识，为"通往旧金山"创造了条件。此次旧金山会晤，习近平主席高屋建瓴地指出，中美要共同树立正确认知，共同有效管控分歧，共同推进互利合作，共同承担大国责任，共同促进人文交流。"五个共同"相当于为中美关系的稳定发展浇筑起五根支柱，开辟了中美关系面向未来的新愿景。通过此次会晤，双方在政治外交、人文交流、全球治理、军事安全等领域达成了 20 多项共识。特别是在指导原则上，两国元首认可双方团队自巴厘岛会晤以来为讨论中美关系指导原则所做的努力以及取得的共识，强调要相互尊重、和平共处、保持沟通、防止冲突、恪守《联合国宪章》，在有共同利益的领域开展合作，负责任地管控双边关系中的竞争因素。这七条共识很重要，将为双方下一步深入探讨打下坚实基础。这些重要共识和成果进一步说明，中美之间有着广泛共同利益，也进一步印证了互利共赢是中美关系的本质特征，对话合作是中美两国唯一正确选择。

中美拥有不同的历史文化、社会制度，如何处理彼此分歧是双方始终需要面对的重要命题。中方致力于构建稳定、健康、可持续的中美关系，同时，中国有必须维护的正当利益，有必须捍卫的原则立场，也有必须坚守的红线底线。如果美方执意以竞争为名，围堵打压中国，中方将坚定维护自身主权安全发展利益。台湾问题始终是中美关系中最重要、最敏感的问题。美方应该将不支持"台独"的表态体现在具体行动上，停止武装台湾，支持中国和平统一。中国终将统一，也必然统一。美方在经贸科技领域对华遏制打压不是在"去风险"，而是在制造风险。这些错误做法以及由此造成的中美关系不确定性，已经成为最大的风险。打压中国科技就是遏制中国的高质量发展，剥夺中国人民的发展权利，中方决不答应，也绝不可能得逞。中国的发展壮大有强大内生动力和历史逻辑，任何外部力量都无法阻挡。美方应严肃对待中方关切，取消单边制裁，为中方企业提供公平公正非歧视的环境。

中美关系真正稳下来、好起来，符合两国利益，也是国际社会的期待。在两国元首把舵领航下，中美关系这艘巨轮穿越暗礁险滩，从巴厘岛抵达旧金山，殊为不易。但旧金山不是终点，而应该成为新的起点。中美双方应当从旧金山再出发，打造新愿景，进一步夯实中美关系的根基，打造和平共处的支柱，推动两国关系朝着健康、稳定、可持续的方向发展。

2023 年 11 月 17 日第 3 版

做伙伴才是面向未来的正确选择

——共同努力浇筑中美关系的五根支柱①

世界在发展，时代在变化，中美不能重复大国对抗冲突的陈旧历史，两国做伙伴，相互尊重、和平共处、合作共赢，才是面向未来的正确选择

近日，应美国总统拜登邀请，习近平主席飞越太平洋，开启旧金山之旅。在有百年历史的斐洛里庄园，习近平主席同拜登总统举行会晤，探讨中美正确相处之道。在历史关头，中美元首旧金山会晤取得重要成果，推动中美关系朝着健康、稳定、可持续方向迈出关键步伐。习近平主席高屋建瓴地指出，中美要共同树立正确认知，共同有效管控分歧，共同推进互利合作，共同承担大国责任，共同促进人文交流。这"五个共同"为中美关系的稳定发展浇筑起五根支柱，开辟了中美关系面向未来的"旧金山愿景"。

共同树立正确认知位列"五个共同"首位，充分体现习近平主席对中美关系面临的现实挑战和未来走向的深刻思考。"如何让中美关系这艘巨轮避开暗礁浅滩、穿越狂风巨浪，不偏航、不失速、不碰撞？首先要回答的是，中美到底是对手，还是伙伴。这是一个根本的、也是管总的问题。"习近平主席此行在美国友好团体联合欢迎宴会上发表的重要演讲发人深思。中美是两个大国，拥有广泛共同利益，对世界和地区和平、稳定、繁荣都肩负重要责任。双方不打交道是不行的，想改变对方是不切实际的，冲突对抗的后果是谁都不能承受的。

近年来，中美关系遭遇严峻困难，根源在于美方一些人看待中国、看待中美关系时存在严重认知错误。美国一些人抱持冷战和零和博弈思维，执意将中方定位为最主要竞争对手、最重大地缘政治挑战，严重扭曲对华认知。错误的认知，必然导致错误的政策、采取错误的行动、产生错误的结果。中美要找到正确相处之道，首先要共同树立正确认知。有了正确认知，相互尊重、和平共处、合作共赢才有基础。正如欧洲新闻电视台网站在报道中美元首旧金山会晤时所指出的，中美和睦相处，或者至少互相理解，对两国来说几乎是一种"义务"。

共同树立正确认知，就要准确把握各自战略意图。习近平主席指出，中国的发展有自身的逻辑和规律，中国正在以中国式现代化全面推进中华民族伟大复兴，中国不走殖民掠夺的老路，不走国强必霸的歪路，也不搞意识形态输出。中国没有超越或者取代美国的规划，美国也不要有打压遏制中国的打算。中方对美政策一以贯之，始终致力于构建稳定、健康、可持续的中美关系。中国从不赌美国输，从不干涉美国内政，也无意挑战和取代美国，乐见一个自信开放、发展繁荣的美国。同样，美国也不要赌中国输，不要干涉中国内政，应该欢迎一个和平、稳定、繁荣的中国。美国一些人近年来出于内心的战略焦虑，严重误判、刻意歪曲中国的战略意图，执意将坚持和平发展的中国视为"假想敌"，大搞你输我赢、你兴我衰的零和博弈，在错误的道路上越走越远。要让中美关系这艘巨轮不偏航、不失速、不碰撞，必须首先消除这种严重错误的对华认知。

共同树立正确认知，就要切实尊重彼此正当权益。中国主张中美合作共赢，但中国有必须维护的利益、必须捍卫的原则、必须坚守的底线。过去几十年，中美关系经历风风雨雨，美方对这一点应有清楚了解。台湾问题始终是中美关系中最重要、最敏感的问题。美方应该将不支持"台独"的表态体现在具体行动上，停止武装台湾，支持中国和平统一。中国终将统一，也必然统一。近年来，美方大搞对华出口管制、投资审查、单边制裁，严重损害中方正当利益，也违背其"不寻求打压遏制中国发展"的承诺。中国的发展是以创新驱动的，打压中国科技就是遏制中国高质量发展，剥夺中国人民的发展权利。美方应严肃对待中方关切，采取行动，取消单边制裁，为中国企业提供公平、公正、非歧视的环境。

世界在发展，时代在变化，中美不能重复大国对抗冲突的陈旧历史，两国做伙伴，相互尊重、和平共处、合作共赢，才是面向未来的正确选择。近年来，中美关系处于低谷，导致国际上关于"修昔底德陷阱"的讨论有所增多。"修昔底德陷阱"的症结在认知错误，而非客观的利益冲突。习近平主席曾深刻指出："世界上本无'修昔底德陷阱'，但大国之间一再发生战略误判，就可能自己给自己造成'修昔底德陷阱'。"习近平主席在旧金山再次指出"这个地球容得下中美两国",强调"中国愿意同美国做伙伴、做朋友",展现在历史前进的逻辑中、时代发展的潮流中把握中美关系的深邃智慧,彰显站在人类前途和地球未来高度谋划中美关系的博大胸怀。国际媒体纷纷将"这个地球容得下中美两国"等作为报道的标题,体现出中方理念的引领力,反映出国际社会对中美关系走出低谷的期待。

作为世界上最大的发展中国家和发达国家,中美要好好打交道。双方应以旧金山为新的起点,把两国元首达成的重要共识真正落到实处,以沟通对话增进相互了解,以正确认知消除偏见误判,共同推动中美关系持续改善发展。

2023 年 11 月 21 日第 3 版

有效管控分歧才能减少冲突对抗风险
——共同努力浇筑中美关系的五根支柱②

中美元首旧金山会晤展现了双方建设性管控分歧的积极意愿，对稳定中美关系的作用无可替代

中国和美国历史文化、社会制度、发展道路不同，过去和现在有差异和分歧，今后也还会有。如何看待两国之间存在的差异，如何负责任地管控分歧，考验中美双方的智慧。

习近平主席同美国总统拜登在旧金山举行会晤时提出"共同有效管控分歧"，并将其作为事关中美关系稳定发展的五根支柱之一。习近平主席强调，不能让分歧成为横亘在两国之间的鸿沟，而是要想办法架起相向而行的桥梁。双方要了解彼此的原则底线，不折腾、不挑事、不越界，多沟通、多对话、多商量，冷静处理分歧和意外。这为双方有效管控分歧提供了重要思路。

存在差异和分歧并不可怕，关键是要有求同存异、聚同化异的远见和格局。中美曾经隔绝对立22年，但共同利益让双方超越分歧，实现了跨越太平洋的握手。1972年发表的"上海公报"，不仅结束了中美两国长期隔绝的状态，开启了中美关系正常化进程，也意味着两个社会制度不同的大国愿意和平共处。美国前国务卿基辛格评价："这个公报是我所知道的外交文件中的首创，它保留了双方所持不同意见的内容，也正因如此，使得协议一致的内容更具有意义。"双方50多年前能够正确看待两国之间存在的差异，负责任地管控分歧，今天更应该有这样的智慧和担当。

存在差异和分歧并不可怕，关键是不能让差异和分歧主导两国关系。应该看到，中美历史文化、社会制度、发展道路虽然不同，但这并没有阻碍两国之

间发展起 7600 亿美元双边贸易和累计 2600 多亿美元双向投资，建立起 284 对友好省州和友好城市关系，最多每周 300 多个航班和每年 500 多万人次的相互往来。也应该看到，中美虽然历史文化、社会制度、发展道路不同，但人民都善良友好、勤劳务实，都爱祖国、爱家庭、爱生活，都对彼此抱有好感和兴趣。正是善意友好的涓滴汇流，让宽广太平洋不再是天堑；正是人民的双向奔赴，让中美关系一次次从低谷重回正道。历史反复证明，中美有超越差异、管控分歧的能力。

近年来，美国一些人戴着有色眼镜看中国，拿着放大镜看中美之间存在的差异和分歧，以竞争定义中美关系，这是对历史、对人民、对世界的不负责任。中国不惧任何遏制打压，坚定维护正当利益、捍卫原则立场、坚守红线底线。与此同时，中国始终站在人类前途和地球未来的高度谋划中美关系，致力于以建设性方式管控分歧和敏感问题，推动构建稳定、健康、可持续的中美关系。

相互尊重、平等相待是中美有效管控分歧的重要基础。此次在旧金山，两国元首在坦诚和相互尊重的气氛里，就事关中美关系的战略性、全局性、方向性问题以及事关世界和平与发展的重大问题深入地交换了意见。习近平主席深刻阐释了中国式现代化的本质特征和内涵意义，以及中国的发展前景和战略意图，也深入阐述了中方在台湾问题上的原则立场，并就经贸科技问题表明了中方的立场。双方在政治外交、人文交流、全球治理、军事安全等领域达成 20 多项共识。这些充分表明习近平主席提出的"多沟通、多对话、多商量"的重要性。

遵守国际关系基本准则和中美三个联合公报，这是双方管控矛盾分歧、防止对抗冲突的关键，也是中美关系最重要的防护和安全网。78 年前，中美共同参与发起旧金山制宪会议，推动建立了联合国。从旧金山出发，二战后的国际秩序得以建立。此次会晤中，两国元首认可双方团队自巴厘岛会晤以来讨论确立中美关系指导原则所作努力，强调要相互尊重、和平共处、保持沟通、防止冲突、恪守《联合国宪章》，在有共同利益的领域开展合作，负责任地管控双边关系中的竞争因素。这七条共识将为双方下一步深入探讨中美关系指导原则打下坚实基础。美国《华盛顿邮报》指出，美国寻求与中国进行有力的外交和经济接触，这是正确的。两国在可以达成一致的地方达成一致，在达不成一致的地方保留分歧，这样的政策要好于脱离接触或者更糟糕的直接对抗。

中美元首旧金山会晤展现了双方建设性管控分歧的积极意愿，对稳定中美关系的作用无可替代。展望未来，双方应坚持相互尊重、聚同化异，不为一事所惑，不为一言所扰，共同引领中美关系这艘巨轮沿着正确的航向前行。

2023 年 11 月 22 日第 3 版

对话合作是两国唯一正确选择
——共同努力浇筑中美关系的五根支柱③

着眼于更好应对共同挑战、增进两国人民利益，中美理应把合作的清单拉得更长，把合作的蛋糕做得更大，让中美合作是"必选项"更加深入人心

"如果中美两国不就人工智能这样的问题进行深入对话，将难以取得长期进展。这必须成为整个进程中不能缺少的一部分。"中美元首旧金山会晤达成多方面成果，其中建立人工智能政府间对话的消息一经发布，就令国际科技界受到鼓舞。这表明，两国元首同意推动和加强中美各领域对话合作，符合两国人民和国际社会的共同期待，有助于为中美关系建立更加牢固的利益纽带，增加国际社会对中美关系稳下来、好起来的信心。

习近平主席在旧金山会晤中指出，中美在诸多领域存在广泛共同利益，既包括经贸、农业等传统领域，也包括气候变化、人工智能等新兴领域。当前形势下，两国共同利益不是减少了，而是更多了。这为中美共同推进互利合作定下了基调。会晤取得重要共识和成果再次证明，互利共赢是中美关系的本质特征，对话合作是两国唯一正确选择。

中美关系是世界上最重要的双边关系，也是非常复杂的双边关系。要准确把握这对大国关系，不仅要看到现象和细节，而且要把握本质和全局，避免以偏概全、舍本逐末。近年来，美国一些人在如何定义中美关系问题上陷入误区，言必提竞争，仿佛竞争已经成为中美关系的最大主题，甚至是全部议题。这种看法不仅偏离了中美关系的基本现实，也有将双方推向冲突对抗的风险。中美之间在一些领域存在竞争很正常，但从整体和全局着眼就不难看到，竞争只是支流，共同利益才是主流。中美不冲突、不对抗、和平共处，这是两国最基本

的共同利益。中美两国经济深度融合，面临新的发展任务，需要从对方发展中获益，这也是共同利益。全球经济疫后复苏、应对气候变化、解决地区热点问题也离不开中美协调合作，这还是共同利益。

推进互利合作离不开必要的条件和氛围。合作应该是双向奔赴，不能也不应该只搞单行道。双方应该相互尊重，互惠互利，着眼大局，为双方合作提供好的氛围。美国一些人想在对中方有需求的领域要求中方无条件合作，同时继续对中国进行遏制打压，损害中方正当权益。这种逻辑不可能成立，中方不可能接受。中国主张中美合作共赢，但中国有必须维护的利益、必须捍卫的原则、必须坚守的底线。唯有坚持相互尊重、平等互利，才能让对话合作行稳致远，切实造福两国人民。

推进互利合作离不开必要的渠道和机制。习近平主席指出，双方要充分用好在外交、经济、金融、商务、农业等领域恢复或建立的机制，开展禁毒、司法执法、人工智能、科技等领域合作。这充分展现了中方致力于推进中美互利合作、推动中美关系改善的真诚愿望和负责任立场。近年来，由于众所周知的原因，中美关系遭遇严峻困难，双方几十年来建立的一些对话合作渠道中断，这不符合两国根本利益，也不符合两国人民的真实意愿。中美元首旧金山会晤在推进对话合作上达成重要共识。双方决定加强高层交往，推进在商业、经济、金融、出口管制、亚太事务、海洋、军控和防扩散、外交政策规划、联合工作组、残疾人等各领域的机制性磋商。双方同意启动续签《中美科技合作协定》磋商，重启中美农业联委会。双方要用好这些渠道和机制，使其切实发挥推进互利合作的作用。

历史和现实一再表明，只要中美推进互利合作，就能够为双方更好应对各自挑战、实现发展创造机遇。中美两国之间已经发展起 7600 亿美元双边贸易和累计 2600 多亿美元双向投资，这给双方带来的是增长动力和民生福祉。美国企业连续 6 届进博会展览面积最大，今年更是有超过 200 家美国企业参展，这充分表明美国企业界从中国看到的是机遇，希望同中国继续开展互利合作。中国正致力于高质量发展，美国也在着力振兴经济，双方合作空间无限广阔，完全可以相互成就、互利共赢。着眼于更好应对共同挑战、增进两国人民利益，中美理应把合作的清单拉得更长，把合作的蛋糕做得更大，让中美合作是"必选项"更加深入人心。

合作共赢是时代发展的潮流，也是中美关系应该有的底色。中美双方应抓住机遇，相向而行，共同推进互利合作，共同巩固双边关系向好态势。

2023 年 11 月 23 日第 2 版

承担大国责任才能合力造福世界
——共同努力浇筑中美关系的五根支柱④

作为两个大国和联合国安理会常任理事国，中美承担着特殊国际责任和义务。世界的未来需要中美合作

中美元首旧金山会晤是一次为中美关系增信释疑、管控分歧、拓展合作的重要会晤，也是一次为动荡变革的世界注入确定性、提升稳定性的重要会晤。"期待中美在全球性议题上发挥重要作用""中美各自的成功是彼此的机遇，进而也是国际社会其他国家的机遇"……连日来，国际社会积极评价此次会晤。

作为两个大国和联合国安理会常任理事国，中美承担着特殊国际责任和义务。面对变乱交织的世界，中美更需要有宽广的胸怀，展现大国格局、拿出大国担当、发挥大国作用。习近平主席在旧金山会晤中明确提出"共同承担大国责任"，强调"解决人类社会面临的麻烦离不开大国合作。中美应该做表率，加强在国际和地区问题上的协调合作，向全球提供更多公共产品。双方提出的倡议要彼此开放，也可以协调对接，形成合力，造福世界"。

承担大国责任，首先要有大国格局。习近平主席指出，当今世界正经历百年未有之大变局，中美有两种选择：一种是加强团结合作，携手应对全球性挑战，促进世界安全和繁荣。另一种是抱持零和思维，挑动阵营对立，让世界走向动荡和分裂。两种选择代表着两个方向，将决定人类前途和地球未来。正是从这个高度出发，习近平主席在美国友好团体联合欢迎宴会上发表演讲时提出："中国愿意同美国做伙伴、做朋友。我们处理中美关系的根本遵循就是相互尊重、和平共处、合作共赢。"

大国担当和大国作用，要通过维护世界和平安全、促进全球发展繁荣的行

动来检验。过去半个多世纪，中美关系的恢复和发展，造福了两国人民，也促进了世界和平、稳定、繁荣。当前，国际形势不稳定性不确定性增加，中美加强沟通和合作，在办好各自国内事情的同时，发挥引领作用，共同推进人类和平与发展的崇高事业，这是中美两国和世界各国人民的共同愿望。在此次会晤中，两国元首就树立彼此正确认知、妥善管控分歧、推进对话合作等最突出问题提出指导性意见，就应对巴以冲突、乌克兰危机以及气候变化、人工智能等全球性挑战进行全方位沟通，进一步探讨了中美两个大国的正确相处之道，进一步明确了中美共同肩负的大国责任。国际社会普遍认为，这次会晤为变乱交织的世界注入了稳定性、确定性、建设性。

加强在国际和地区问题上的协调合作，是承担大国责任的应有之义。中美是全球前两大经济体，经济总量超过世界 1/3，双边贸易额约占世界 1/5，中美关系冷暖左右着世界经济气候。违背规律搞"脱钩断链"，无助于提振美国经济，也将使世界经济变得更加脆弱。作为二十国集团重要成员，中美要加强协作，共同推动世界经济复苏，携手推动更加包容、普惠、有韧性的全球发展。亚太是中美利益交织最密集、互动最频繁的地区。中美应加强合作，推动实现到 2040 年建成一个开放、活力、强韧、和平的亚太共同体的目标。

向全球提供更多公共产品，是承担大国责任的重要体现。习近平主席在美国友好团体联合欢迎宴会上发表演讲时表示，中方提出的共建"一带一路"倡议以及全球发展倡议、全球安全倡议、全球文明倡议，始终面向各国开放，包括美国。中方也愿参与美国提出的多边合作倡议。中方提出一系列重要倡议，为应对全球性挑战提供中国方案，得到国际社会的广泛支持和参与。中美共同向全球提供更多公共产品，让双方提出的倡议对彼此开放，加强协调对接，可以更好地增进各国人民的福祉。

当前，气候变化问题日益引起全球关注。中美在绿色发展、应对气候变化等领域合作潜力巨大，双方完全可以加强这方面合作，将其打造成中美关系发展新亮点。此次会晤中，两国元首强调在当下关键十年中美加快努力应对气候危机的重要性，欢迎两国气候特使近期开展的积极讨论，包括：2020 年代国内减排行动，共同推动联合国气候变化迪拜大会（COP28）取得成功，启动中美"21 世纪 20 年代强化气候行动工作组"以加快具体气候行动。在 COP28 即将举行之际，中美元首达成的共识无疑将提振全球应对气候变化的信心。

我们处在一个充满挑战变化的时代，也处在一个充满希望的时代。世界的未来需要中美合作。从两国共同利益和人类前途命运的高度出发，中美应共同承担大国责任，携手应对全球性挑战，努力增进两国人民的福祉，促进人类社会的进步。

2023 年 11 月 24 日第 3 版

促进人文交流，夯实中美关系健康发展基础

——共同努力浇筑中美关系的五根支柱⑤

> 正是善意友好的涓滴汇流，让宽广太平洋不再是天堑；正是人民的双向奔赴，让中美关系一次次从低谷重回正道

"中国未来5年将邀请5万名美国青少年到中国交流学习""中国愿继续同美国开展大熊猫保护合作""中美同意明年大幅增加直航航班"……连日来，国际媒体纷纷关注中美两国旨在加强人文交流的新举措。中美元首旧金山会晤期间，习近平主席提出"共同促进人文交流"。随后在美国友好团体联合欢迎宴会上，习近平主席发表题为《汇聚两国人民力量 推进中美友好事业》的重要演讲。习近平主席高度重视并亲自推动中美民间友好，彰显为中美关系健康发展夯实基础的责任担当。

任何一项伟大事业要成功都必须从人民中找到根基、从人民中集聚力量、由人民来共同完成。中美友好就是这样一项伟大事业。2015年9月，习近平主席在西雅图面向美国人民发表演讲，用朴实的话语、鲜活的故事拉近了两国人民的心，当时的热烈场面至今历历在目。此次旧金山之行，习近平主席在美国友好团体联合欢迎宴会上发表重要演讲时，60多次提到"人民"这个词，强调"中美关系的根基是由人民浇筑的""中美关系的大门是由人民打开的""中美关系的故事是由人民书写的""中美关系的未来是由人民创造的"。习近平主席用真挚的语言讲述的生动故事，引发现场听众的强烈共鸣，必将激发两国人民更加积极投身中美友好事业，为中美关系健康发展积聚更多正能量。

回望中美关系发展史，更能感知人民友好是两国关系的力量源泉。158年

前，大批中国工人来到美国，修建连接东西海岸的太平洋铁路，筚路蓝缕，在旧金山建起了西半球历史最悠久的唐人街。二战烽火硝烟中，中美两国人民共同为和平和正义而战。穿越冷战风云，人民愿望让中美打破22年隔绝对立造成的坚冰。如今，中美已建立起284对友好省州和友好城市关系，近年来两国最多每周300多个航班和每年500多万人次相互往来。"中美关系希望在人民，基础在民间，未来在青年，活力在地方"，这是把握中美关系现实的深刻洞见，也是启迪中美关系健康、稳定、可持续发展的深邃智慧。在旧金山期间，习近平主席同美国各界友好人士亲切互动，这让两国人民深切感受到，中美友好的基础还在，交往的动力犹存，合作的前景可期。

近年来，美国一些人处心积虑为双方人文交流设置各种障碍，制造"寒蝉效应"。这种做法与两国人民渴望加强交流的真实愿望背道而驰。越是困难的时候，越需要拉紧人民的纽带、增进人心的沟通，越需要更多的人站出来为中美关系鼓与呼。过去几个月，习近平主席在北京分别会见美国比尔及梅琳达·盖茨基金会联席主席比尔·盖茨、美国前国务卿基辛格、美国加利福尼亚州州长纽森等，向"鼓岭缘"中美民间友好论坛致贺信，复信美国华盛顿州"美中青少年学生交流协会"和各界友好人士，复信史迪威将军后人，复信美中航空遗产基金会主席和飞虎队老兵，向美中关系全国委员会年度颁奖晚宴致贺信，向第五届中美友城大会致信，复信费城交响乐团总裁兼首席执行官马思艺。习近平主席亲自推动中美民间友好和地方合作，在两国社会引发热烈反响，为近年来处于低谷的中美关系增添了亮色和暖意，也为双方最终实现"重返巴厘岛、通往旧金山"发挥了重要作用。

中美双方拿出更多行动共同促进人文交流，才能为推动两国关系持续改善发展注入更大动能。习近平主席指出，要增加两国航班、促进旅游合作、扩大地方交往、加强教育、残疾人事务合作，减少阻碍人文交流的负面因素，鼓励和支持两国人民多来往、多沟通，为中美关系健康发展夯实基础。拜登总统也表示，乐见两国增加直航航班，扩大教育科技交流和人员往来。双方达成重要共识，将推出更多便利人员往来、促进人文交流的措施，包括增加中美客运直航航班，举办中美旅游高层对话，优化签证申请流程等。这一积极进展得到两国人民普遍支持和国际社会的欢迎。双方应落实好相关共识，使两国元首会晤成果尽快为人民所享，为两国人民多走动、多来往、多交流创造良好条件和氛围。

历史昭示，正是善意友好的涓滴汇流，让宽广太平洋不再是天堑；正是人民的双向奔赴，让中美关系一次次从低谷重回正道。不论形势如何变化，中美和平共处的历史逻辑不会变，两国人民交流合作的根本愿望不会变，世界人民对中美关系稳定发展的普遍期待不会变。双方应从旧金山再出发，汇聚起两国人民的力量，赓续中美友谊，推进中美关系，努力为促进世界和平与发展作出更大贡献。

（本系列评论到此结束）

2023 年 11 月 25 日第 2 版

将中美人民友好事业传承下去

——铭记和怀念基辛格博士

中美双方要继承和发扬基辛格博士的战略眼光、政治勇气和外交智慧，按照中美元首旧金山会晤达成的重要共识，坚持相互尊重、和平共处、合作共赢，推动中美关系健康、稳定、可持续发展

当地时间11月29日，美国前国务卿亨利·基辛格逝世。亨利·基辛格博士是世界著名战略家，也是中国人民的老朋友和好朋友。半个世纪前，他以卓越的战略眼光，为中美关系正常化作出了历史性贡献，既造福了两国，也改变了世界。中国人民永远铭记基辛格博士为推动中美关系发展、增进中美两国人民友谊作出的历史性贡献，也真诚希望中美双方将中美人民友好事业传承下去，推动中美关系健康、稳定、可持续发展，造福两国人民，共同承担大国责任，为世界的和平与发展作出应有贡献。

基辛格博士是中美关系的开拓者和建设者。1972年，他参与推动中美双方发表"上海公报"，这不仅是中美关系史上的大事件，也是国际关系史上的一大创举。中美双方在"上海公报"中明确承认彼此社会制度有着本质的区别，但这并没有影响中美发展两国关系。基辛格博士对此评价："这个公报是我所知道的外交文件中的首创，它保留了双方所持不同意见的内容，也正因如此，使得协议一致的内容更具有意义。"包括"上海公报"在内的中美三个联合公报构成中美关系的政治基础。今年7月访华期间，基辛格博士表示，当前形势下，应该遵守"上海公报"确定的原则，要理解一个中国原则对于中国的极端重要性，推动美中关系朝着积极方向发展。

基辛格博士生前访问中国超过百次，把推动中美关系发展、增进两国人民

友谊作为毕生追求。习近平主席在就亨利·基辛格逝世向美国总统拜登致唁电时表示："基辛格的名字将永远和中美关系联系在一起。"过去几十年来，基辛格博士多次接受人民日报记者采访，向两国和国际社会分享他对中美关系的深刻洞见。"中美两国应视对方为伙伴和朋友""扩大美国和中国之间对话的量与质，以便我们能在双方所能提出的共同课题上取得一致意见""对于世界上的问题，两国之间可能有不同的解读，但美国应就此与中国进行协商，并相互学习"……基辛格博士始终以历史眼光看待中美关系，强调双方应做伙伴，加强对话合作。今天，中美关系正处在新的十字路口，双方树立彼此正确认知、妥善管控分歧、推进对话合作的必要性变得更加突出。大国竞争不符合时代潮流，更解决不了现实挑战。中美两国人民和世界各国人民普遍认为，中美不能重复大国对抗冲突的陈旧历史，两国做伙伴，相互尊重、和平共处、合作共赢，才是面向未来的正确选择。

基辛格博士在其著作《世界秩序》中说："评判每一代人时，要看他们是否正视了人类社会最宏大和最重要的问题。"他曾指出："我们这一代人在这一历史时期最重要的便是学会如何使不同文明和平相处，以及如何通过不同文明间的共同努力将争端变为共识。"看待中美关系时，基辛格博士也始终坚持全球眼光，高度重视中美两个大国肩负的全球责任。当前，国际形势不稳定性不确定性增加，中美加强沟通和合作，在办好各自国内事情的同时，发挥引领作用，共同推进人类和平与发展的崇高事业，这是中美两国和世界各国人民的共同愿望。在旧金山会晤中，中美两国元首就应对巴以冲突、乌克兰危机以及气候变化、人工智能等全球性挑战进行全方位沟通，进一步探讨了中美两个大国的正确相处之道，进一步明确了中美共同肩负的大国责任。国际社会普遍认为，这次会晤为变乱交织的世界注入了稳定性、确定性、建设性。

基辛格博士将永远被中国人民铭记和怀念。中美双方要继承和发扬基辛格博士的战略眼光、政治勇气和外交智慧，按照中美元首旧金山会晤达成的重要共识，坚持相互尊重、和平共处、合作共赢，推动中美关系健康、稳定、可持续发展。

2023 年 12 月 2 日第 3 版

落实元首共识，推动中美关系健康、稳定、可持续发展

双方要不折不扣落实中美元首旧金山会晤达成的共识，本着对历史、对人民、对世界负责的态度，推动两国关系健康、稳定、可持续发展

1978 年 12 月，中美同时发表建交公报，宣布自 1979 年 1 月 1 日起互相承认并建立外交关系。再过两天，中美将迎来建交 45 周年纪念日。在这个承前启后的重要时间节点，端起历史的望远镜，从中美关系几十年风雨历程中寻找启示和指引，对于改善和发展中美关系具有重要意义。

上世纪 70 年代，中美两国领导人从两国和两国人民的根本利益出发，以长远的战略眼光、非凡的政治智慧，一举打破导致中美两国相互隔绝的坚冰，随后又经过不懈努力，实现了中美关系正常化，掀开了两国关系发展新的历史篇章。几十年来，中美关系历经风雨，取得了历史性发展，为两国人民带来了巨大利益，也为世界和平、稳定、繁荣作出了重要贡献。历史充分证明，中美不打交道是不行的，想改变对方是不切实际的，冲突对抗的后果是谁都不能承受的。合则两利，斗则俱伤，这是中美打交道一条颠扑不破的真理。

相互尊重、和平共处、合作共赢，这既是从半个世纪来中美关系发展提炼的重要经验，也是历史上大国冲突对抗带来的深刻启示，应该成为中美双方共同努力的方向。一个多月前，习近平主席同拜登总统在旧金山举行历史性会晤，探讨新时期中美正确相处之道，开辟面向未来的"旧金山愿景"。习近平主席高屋建瓴地指出，中美要共同树立正确认知，共同有效管控分歧，共同推进互利合作，共同承担大国责任，共同促进人文交流。这"五个共同"为中美关系稳定发展浇筑起五根支柱。中美元首旧金山会晤巩固了中美关系止跌企稳

势头，为变乱交织的世界注入了难得的确定性稳定性，受到两国和国际社会普遍欢迎。

近年来，中美关系遭遇严重困难，根源在于美方一些人看待中国、看待中美关系时存在严重认知错误。中美是历史文化、社会制度、发展道路不同的两个大国，出现分歧很正常，但不能让分歧成为横亘在两国之间的鸿沟，而是要想办法架起相向而行的桥梁。双方要了解彼此的原则底线，不折腾、不挑事、不越界，多沟通、多对话、多商量，冷静处理分歧和意外。

合作共赢是时代发展的潮流，也是中美关系应该有的底色。中方始终认为，中美共同利益远远大于分歧，中美各自取得成功对彼此是机遇而非挑战。中美经贸关系是两国关系的重要组成部分，为两国人民带来了许多实实在在的福祉。建交 45 年来，中美两国之间发展起 7600 亿美元双边贸易和累计 2600 多亿美元双向投资。中美在诸多领域存在广泛共同利益，应该共同把合作的清单拉得更长，把合作的蛋糕做得更大。

中美关系希望在人民，基础在民间，未来在青年，活力在地方。习近平主席在美国旧金山出席美国友好团体联合举行的欢迎宴会并发表重要演讲，深情讲述与美国民众交往的友好故事，强调中美关系的根基是由人民浇筑的、大门是由人民打开的、故事是由人民书写的、未来是由人民创造的，引发两国民众强烈共鸣。中美两国人民的交往源远流长，中美关系发展有着强大的民意基础。正是中美人民的双向奔赴，让中美关系一次次从低谷重回正道。中美双方应为人民交往搭建更多桥梁，铺设更多道路，促进民心相通，共同续写新时代中美人民友好的故事。

中美关系是当今世界最重要的双边关系，中美能否携手合作、共迎挑战，事关两国人民利益，影响人类前途命运。双方要不折不扣落实中美元首旧金山会晤达成的共识，本着对历史、对人民、对世界负责的态度，推动两国关系健康、稳定、可持续发展。这是符合两国人民根本利益和国际社会普遍期待的正确选择。

2023 年 12 月 30 日第 5 版

贰

无视中国抗疫贡献是对历史的不负责任

根深蒂固政治偏见的充分暴露

中国根据疫情形势变化，因时因势优化防控措施，这一政策调整科学、及时、必要。然而，一些西方媒体却罔顾事实真相、背离科学精神，恶意抹黑中国防疫政策调整，完全丧失了媒体的职业操守，毫无公信力可言，这是其根深蒂固政治偏见的充分暴露

核酸采样点"变身"发热诊疗站，急救中心扩容120调度指挥系统，组织全国几百家重点企业持续提升重点医疗物资生产供应能力并根据各地疫情达峰时间精准调配，全力保障重点地区、重点人群疫情防控需求……中国加强医疗资源建设和统筹，采取一系列细化措施，最大程度保护人民生命安全和身体健康。

中国根据疫情形势变化，因时因势优化防控措施，科学统筹疫情防控和经济社会发展，工作重心从"防感染"转向"保健康、防重症"。这一政策调整科学、及时、必要。然而，一些西方媒体却罔顾事实真相、背离科学精神，恶意抹黑中国防疫政策调整，完全丧失了媒体的职业操守，毫无公信力可言。

新冠疫情对各国都是一次大考。疫情发生以来，中国始终坚持人民至上、生命至上，调集一切资源、全力保护每个中国人的生命安全和身体健康，顶住了一轮又一轮疫情冲击，有效扛过病毒最猖獗的艰难时期。中国先后制定九版防控方案和诊疗方案，成功避免了致病力相对较强的原始株、德尔塔变异株的广泛流行，极大减少了重症和死亡，也为疫苗、药物的研发应用以及医疗等资源的准备赢得了宝贵时间。从全球范围看，中国的重症率、死亡率都是最低的。中国人均预期寿命由77.3岁提高到78.2岁。在全球人类发展指数连续两年出现下降的情况下，中国人类发展指数排名提升了6位。英国学者马丁·雅克认

为，中国始终坚持人民至上、生命至上，为全球应对疫情作出了榜样。

中国防疫政策的优化调整体现出科学、务实的态度。当前，奥密克戎变异株致病力和毒力明显减弱，而中国医疗救治、病原检测、疫苗接种等能力持续提升。在此背景下，中国有序出台"二十条"和"新十条"优化措施，制定将新冠病毒感染从"乙类甲管"调整为"乙类乙管"方案。这既是科学防控的及时、必要之举，也是高效统筹疫情防控和经济社会发展、维护最广大人民根本利益的战略、长远之举。法国席勒研究所研究员佩里莫尼强调，中国开展疫情防控，首先考虑的是人民生命安全和身体健康，这一点始终没有改变。

世界各国调整防疫政策时都会经历适应期，中国防疫政策"换挡"也不例外。在各方共同努力之下，中国疫情形势的发展总体在预期和可控之中，各地各相关部门积极扩充医疗资源，建立分级分类诊疗机制，提高药品产能供给，调集一切资源保护患有基础病的老年人、孕产妇和儿童等重点人群。秉持客观、公正态度的国际人士普遍认为，中国在应对疫情方面积累了足够经验、进行了必要准备，有能力确保调整转段平稳有序推进。

事实证明，中国优化疫情防控政策不是"躺平"，真正"躺平"的，恰恰是一些拥有丰富医疗资源的西方国家。这些国家早早就选择了"一放了之"：过早取消口罩令、隔离感染者、追踪密接者等严格防控措施，针对疫情大范围扩散后出现的各种社会问题迟迟拿不出实际解决办法，最终导致民众付出严重生命健康代价。美疾控中心此前发布的报告显示，2021 年美国人均预期寿命较前一年缩短近 1 岁，这是该项数据连续第二年下降，新冠疫情是首要原因。在抗疫问题上的"躺平"做法已对美国社会造成难以弥合的创伤，逾百万美国人死于新冠病毒感染，也暴露了美国政府在应对公共卫生危机方面的体制缺陷，凸显美国疫情防控体系的痼疾。

一些西方媒体挖空心思歪曲抹黑中国政府的疫情防控政策，是其根深蒂固政治偏见的充分暴露。近 3 年来，由于心理失衡，这些西方媒体对中国抗疫取得的积极成效总是视而不见，对中国推出的任何一项政策举措都要进行恶意攻击。从肆意炒作病毒溯源问题、散布所谓"实验室泄漏论"等谣言，到对中国优化调整疫情防控政策指手画脚、说三道四，这些西方媒体将疫情问题意识形态化，热衷于搞"政治优先"和双重标准，给国际社会抗疫团结造成了严重破坏。

坚持人民至上、生命至上，用心守护中国人民健康福祉，积极助力国际社会战胜疫情，这是面对世纪灾疫时的中国选择、中国行动。有 14 亿多中国人民众志成城，有日益强大的综合国力支撑，中国和中国人民必将赢得抗疫的最终胜利。

2023 年 1 月 4 日第 3 版

无视中国抗疫贡献是对历史的不负责任

中国在坚持人民至上、生命至上，最大程度保护本国人民生命安全和身体健康的同时，始终秉持人类卫生健康共同体理念，为全球抗疫担当尽责。抹黑为全球抗疫作出重要贡献的中国，是对事实的不尊重，对科学的不尊重，更是对历史的不负责任

近日，中国国家卫生健康委员会、国家疾病预防控制局同世界卫生组织举行新冠疫情防控技术交流会，双方就当前疫情形势、医疗救治、疫苗接种等技术议题进行交流，并同意继续开展技术交流，助力全球早日终结疫情。中国在优化调整疫情防控措施不到一个月时间内多次同世卫组织召开技术交流会议，这是中方始终以负责任态度应对全球公共卫生挑战的具体体现。

中国坚持科学精准防控疫情，因时因势优化调整防控措施。面对致病力相对较强的原始株、德尔塔变异株等大范围流行传播，中国采取强有力的防控措施，为国际社会抗击疫情争取了宝贵时机、作出了重要贡献。随着奥密克戎变异株致病力和毒力明显减弱以及中国医疗救治、病原检测、疫苗接种等能力持续提升，中国将新冠病毒感染从"乙类甲管"调整为"乙类乙管"。这一调整有助于提升防控工作的科学性、精准性、有效性，有助于更好保障正常生产生活和医疗卫生需求，有助于最大限度减少疫情对经济社会发展的影响。国际人士普遍认为，中国基于对病毒变异和传播规律的把握，科学精准做好疫情防控各项工作，体现出求真务实的科学态度。

中国在坚持人民至上、生命至上，最大程度保护本国人民生命安全和身体健康的同时，始终秉持人类卫生健康共同体理念，为全球抗疫担当尽责。疫情发生以来，中方始终坚持公开、透明，与世卫组织、世界各国和地区保持着务

实的交流合作。早在疫情暴发之初，中国迅速识别病原体并分享病毒基因序列，帮助了其他国家和地区为诊断及防控做好准备。中国还定期与世卫组织、有关国家和地区组织等及时、主动通报疫情信息。据不完全统计，自 2020 年 1 月主动提出并与世卫组织建立技术交流机制以来，中方已同世卫组织开展技术交流 60 余次。

中国积极开展抗疫国际合作，发起新中国成立以来最大规模的全球紧急人道主义行动，向 153 个国家和 15 个国际组织提供数千亿件抗疫物资。中国最早承诺将新冠疫苗作为全球公共产品，率先支持疫苗研发知识产权豁免，最早同发展中国家开展疫苗生产合作，已向 120 多个国家和国际组织供应超过 22 亿剂新冠疫苗。中国还与全球 180 多个国家和地区、10 多个国际组织共同举办疫情防控技术交流活动 300 余场，向 34 个国家派出 38 支抗疫医疗专家组，毫无保留分享中国抗疫经验。中国为弥合全球"免疫鸿沟"、推动团结抗疫作出重要贡献，展现出令人钦佩的大国担当，得到国际人士的广泛赞誉。反观个别国家，不仅本国抗疫不力，还大搞疫情污名化、病毒标签化、溯源政治化，肆意甩锅、推责，破坏全球团结抗疫。

令人遗憾的是，一些西方媒体对上述事实视而不见，公然抹黑为全球抗疫作出重要贡献的中国，无端抹黑中国疫情防控政策调整。这种做法完全背离新闻媒体应有的职业操守，是对事实的不尊重，对科学的不尊重，更是对历史的不负责任。

世卫组织近日指出，新冠病毒奥密克戎变异株是迄今最具传染性的变种。面对传播迅速的奥密克戎变异株，每个国家都需要时间适应并不断优化调整防控措施。中国疫情形势的发展总体在预期和可控之中，一些地方已度过疫情高峰，生产生活正逐步恢复正常。对其他地方可能迎来的疫情高峰，中国相关部门也有着科学评估，进行了必要准备，有充分信心确保调整转段平稳有序推进。

全球性挑战需要全球性应对。各方应多做有利于自身抗击疫情、有利于全球团结抗疫的事情，助力世界早日走出疫情阴霾。

2023 年 1 月 8 日第 3 版

将疫情防控政治化损人不利己

有关国家应以科学的态度，本着相互尊重的精神，尽快改变针对中国公民的歧视性限制措施，为正常人员交往和交流合作创造有利条件

泰国副总理等政府官员前往机场迎接中国赴泰航班并送上卫生康复防疫包和花环；马尔代夫外交部官方网站发表声明，欢迎中国调整出入境措施，热切期盼中国游客尽早赴马旅游；瑞士、新西兰等国明确表态，不会对中国游客增加新的入境限制……在中国优化调整疫情防控措施后，许多国家对此表示欢迎并期待中国游客到访。

中国一直本着科学精准、因时因势的原则优化疫情防控措施。中外人员往来暂行措施根据新型冠状病毒感染实施"乙类乙管"总体方案制定，有利于更好统筹疫情防控和经济社会发展，使中外人员往来更加便利、安全、有序、高效。中国以最大诚意，本着实事求是的态度，与有关国家进行了充分沟通，详细介绍了中方优化调整防疫措施的科学性、合理性和中国当前的疫情形势。个别国家罔顾科学事实和本国疫情实际，执意针对中国采取歧视性入境限制措施，这完全是将疫情防控政治化。

多个国际组织和许多国家的卫生防疫专家指出，中国并没有发现新的病毒变种或显著突变，收紧中国旅客入境措施既不科学也无必要。联合国秘书长发言人杜加里克表示，会员国应该遵循世界卫生组织的指导方针，所有关于乘客筛查等方面的决定都必须而且只能以科学为依据。新加坡卫生部长表示，2022年最后4周，自中国入境新加坡确诊病例不到该国总输入病例的5%，远低于从其他一些国家和地区输入病例的占比，当前无需对中国收紧防疫措施。个别国家应该多听听这些声音，从事实出发，科学适度制定防疫措施，不应借机搞

048　　大国之声：人民日报国际评论"钟声"2023

政治操弄，不应有歧视性做法，不应影响国家间正常的人员交往和交流合作。

中国疫情防控政策既最大程度保护了人民的生命安全和身体健康，又最大限度减少了疫情对经济社会发展的影响。在世界经济下行压力加大的背景下，中国优化调整疫情防控措施，便利中外人员往来，提振了全球经济增长信心。包括世界贸易组织、经济合作与发展组织等在内的国际组织负责人都看好中国经济发展前景，认为中国调整防疫政策有助于支撑世界经济复苏和发展。国际舆论认为，中国优化出入境政策是全球旅游业复苏进程中的一件大事，将为相关国家旅游业的全面复苏注入强劲动力。泰国《曼谷邮报》报道指出，预计今年约有500万中国游客前往泰国，将有力促进泰国旅游业复苏和经济发展。少数国家破坏中外人员正常往来和交流合作的歧视性做法，只会损人不利己。

尊重科学、实事求是，是国际社会团结合作应对疫情的宝贵经验。中方将继续因应疫情形势，不断优化调整有关措施，与各方共同保障中外人员安全顺畅有序往来，为维护全球产业链供应链稳定、推动世界经济恢复健康增长贡献力量。有关国家应以科学的态度，本着相互尊重的精神，尽快改变针对中国公民的歧视性限制措施，为正常人员交往和交流合作创造有利条件。

2023 年 1 月 17 日第 2 版

中国优化防控举措，打的是有准备之仗

"火锅店和烤串店外排起了长队，顾客们坐在小塑料凳上等位""电影院预计将迎来一年中最繁忙的日子""预计中国出境游客数量将出现激增"……多家外国媒体纷纷报道，随着中国优化疫情防控措施，"流动中国"的热闹景象跃然眼前。

然而，也有个别西方媒体对中国防疫政策调整的报道始终离事实真相很远，离中国民众和国际社会的主流感受很远。在这些媒体编织的叙事中，中国抗疫政策"转得太快，没有准备"，这完全是充满偏见的炒作抹黑和别有用心的政治操弄。

面对不断变化的疫情形势，中国始终秉持人民至上、生命至上的理念，坚持边防控、边研究、边总结、边调整，走小步、不停步，不断优化完善防控措施。近一段时间以来，中国各地区各部门平稳有序推进实施新冠病毒感染"乙类乙管"方案，全力保障群众生命健康安全，不少地方已度过疫情高峰，生产生活正在加快恢复正常。最新监测数据显示，全国发热门诊诊疗量呈持续下降趋势，在院的新冠病毒感染者和重症患者数量也呈现连续下降趋势。北京、浙江、河南、广东、重庆、四川等多地宣布已平稳度过新冠病毒感染第一波高峰期。

因时因势主动优化调整防控举措，中国始终打的是有准备之仗。

我们有精心的医疗准备。通过完善分级诊疗救治体系，加强基层医疗卫生机构能力，增设发热门诊，增加定点医院重症病床以及相关救治设备与物资，统筹实现新冠病毒感染者的救治和日常医疗服务保障。众多社区医院、村卫生室和基层医疗卫生机构分级分层、有效协同，不断织牢织密公共卫生防护网。不断扩大新冠疫苗接种覆盖面，建立起足够的免疫屏障以应对新冠病毒。在尼日利亚阿布贾大学教授巴尔斯·奥什奥涅波看来，这充分证明了中国医疗卫生和疾控体系的韧性。

我们有充足的产能储备。中国医药工业基础坚实，产业链完整。与2022年12月初相比，抗原检测试剂日产能迅速扩大，部分解热镇痛药的日产量和供应量实现提升……中国长期积累的雄厚物质基础、建立的完整产业体系、形成的强大科技实力、储备的丰富医疗资源，为疫情防控提供了坚强支撑。肯尼亚国际问题学者卡文斯·阿德希尔表示："中国始终坚持人民至上、生命至上，有力保障和改善民生，充分发挥了中国特色社会主义制度集中力量办大事、办难事、办急事的独特优势。"

我们有强大的组织统筹配备。在疫情防控斗争中，中国充分发挥制度优势，展现了非凡的组织动员能力、统筹协调能力、贯彻执行能力。按照中央统一部署和指挥，各地区各部门直至最基层组织，坚持科学防治、精准施策，统一规则、分类指导、防范风险。全国医务人员全力以赴挽救生命，众多志愿者下沉一线助力基层防疫，广大人民群众以各种方式为疫情防控出力，共同构筑起生命安全和身体健康坚实防线。正如俄罗斯科学院院士根纳季·奥尼先科所评价，中国政府采取一系列强有力措施，人民信任并且全力支持，抗击疫情取得显著成效。

尽管中国的人均医疗资源、医学技术水平与发达国家相比有一定差距，但从全球范围看，中国新冠病毒感染的重症率、死亡率都保持在全球最低水平。在全球人类发展指数连续两年出现下降的情况下，中国人类发展指数排名提升了6位。中国3年平均经济增速约为4.5%，稳居世界主要经济体前列，远超一些"躺平"国家的表现。实践充分证明，中国防疫政策的优化调整既是科学防控的及时、必要之举，也是高效统筹疫情防控和经济社会发展、维护最广大人民根本利益的战略、长远之举。

正是得益于精心的医疗准备、充足的产能储备、强大的组织统筹配备，中国平稳度过了防疫政策"转段""换挡"后的适应期。在中方取得的防控成果面前，任何政治操弄都是苍白无力的。各方应专注抗疫本身，避免任何政治化疫情的言行，加强团结协作，共同努力早日战胜疫情。

2023年1月19日第3版

无视中国三年抗疫贡献暴露无知和偏见

回顾三年抗疫之路，无论是保护中国人民生命健康，还是促进全球团结抗疫、推动世界经济复苏增长，中国政府都采取了负责任政策举措，尽了最大努力，作出了重要贡献

　　随着中国优化调整疫情防控措施平稳有序推进，国际社会对中国始终坚持高效统筹疫情防控和经济社会发展的认识进一步增强，认为中国经济将加快复苏，为世界经济发展提供更强大动能。然而，仍有个别西方媒体固守政治偏见，无视中国三年抗疫成就，无视中国对世界作出的巨大贡献，妄图借抹黑中国抗疫"唱衰"中国。这些论调改变不了国际社会对中国经济发展的信心，只会暴露这些西方媒体的无知和偏见。

　　事非经过不知难。回顾三年抗疫之路，无论是保护中国人民生命健康，还是促进全球团结抗疫、推动世界经济复苏增长，中国政府都采取了负责任政策举措，尽了最大努力，作出了重要贡献。

　　中国的防控理念一以贯之，始终坚持人民至上、生命至上，最大程度保护人民生命安全和身体健康。三年来，中国有效应对了全球五波疫情流行冲击，避免了致病力相对较强的原始株、德尔塔变异株等大范围流行传播，极大减少了重症和死亡，这对于一个拥有14亿多人口的大国来说实属不易。事实证明，中国努力用最小的代价实现最大的防控效果，最大限度减少疫情对经济社会发展的影响。2020年，中国国内生产总值增长2.2%，突破100万亿元人民币大关，成为当年唯一实现正增长的主要经济体，而当年美国和欧元区经济分别萎缩3.5%和6.8%。2021年，中国国内生产总值增长8.4%，超过了国际货币基金组织的预期。2022年，中国国内生产总值突破120万亿元，按不变价格计算，

比上年增长3%，经济增长快于多数主要经济体。三年来，中国经济保持约4.5%的年均增长，明显高于世界平均水平，也明显高于个别早早就选择"躺平"的国家。国际货币基金组织指出："中国的实践证明，采取有效措施控制疫情能促进经济恢复，对其他国家具有重要的借鉴意义。"

疫情发生以来，中国始终本着依法、及时、公开、透明的原则，同国际社会分享有关信息和数据，持续同世卫组织、全球流感共享数据库分享中国新冠病毒感染病例的基因序列，为各国疫苗和药物研发作出积极贡献。在全球抗疫最吃劲的阶段，中国成为全球抗疫物资的大后方，为世界各国抗击疫情提供了坚实保障。得益于统筹推进疫情防控和经济社会发展，中国充分发挥拥有世界上最完备工业体系的优势，已向153个国家和15个国际组织提供数千亿件抗疫物资，向120多个国家和国际组织供应超过22亿剂新冠疫苗。"中国疫苗在全球范围内为提高免疫力和拯救生命发挥了重要作用""中国力所能及地以各种方式向国际社会提供援助，真正践行人类命运共同体理念"……国际社会高度肯定中国积极推动国际抗疫合作为全球抗疫注入信心和力量。

在世界经济下行压力加大、全球贸易动能趋缓背景下，中国积极扩大开放，向全球提供优质产品和服务，发挥了促进世界经济复苏"稳定器"的作用。贸易数据被视作经济发展的"晴雨表"。从2020年的32.16万亿元，到2021年的39.1万亿元，再到2022年货物贸易总额达到42.07万亿元，中国货物进出口总额持续增加，出口国际市场份额连续14年居全球首位，为维护全球产业链供应链稳定发挥了关键作用。全球市场充满不确定性，中国凭借良好的经济发展前景和不断优化的营商环境，继续成为全球投资兴业的热土。2022年前11个月，中国实际使用外资11561亿元，按可比口径同比增长9.9%，已经超过2021年全年，创了历史新高。以德国宝马集团为例，2022年第三季度该公司净利润31.75亿欧元，同比增长22.9%。在欧洲市场销量下降11.1%的情况下，宝马在中国市场销量逆势增长5.7%。美国《华尔街日报》认为，中国市场的出色表现是宝马盈利增长的主要驱动力之一。疫情防控期间，不少跨国公司在华业务好于其在本国的发展。西门子、巴斯夫、博世等8家德国大型跨国企业首席执行官去年11月在德国《法兰克福汇报》联合撰文指出，中国作为全球第二大消费市场，同时也是最具活力的市场，德国企业在华发展对于德国经济发展至关重要。毕马威中国首席经济学家康勇表示，巨大的消费市场、高效的生产力、优质的人才储备、完整的产业集群、不断优化的营商环境，决定了中国依然是跨国公司全球供应链布局的重点地区之一。

当前，中国疫情形势整体向好，生产生活加快恢复正常。随着需求逐步回升和政策效应叠加，中国经济社会活力将得到进一步释放。中国将继续同国际社会团结合作，更好应对疫情挑战，更好保护人民生命健康，为促进世界经济复苏贡献更大力量。

2023 年 1 月 20 日第 3 版

美方应立即停止违背科学的反智闹剧

美方一味将溯源问题政治化、工具化、武器化，只会阻碍全球溯源科学合作，分裂全球团结抗疫努力，破坏全球卫生治理机制。敦促美方尊重科学和事实，停止栽赃抹黑他国的政治操弄，尽快回应国际社会的合理关切，给世界人民一个负责任交代

近来，美国政府再次翻炒新冠病毒溯源问题，将"新冠病毒起源法案"签署成法。该法案涉华内容严重歪曲事实，企图通过炒作所谓"实验室泄漏论"，对中国甩锅推责、遏制打压。美方几次三番混淆视听，上演违背科学的反智闹剧，世界早已看清其险恶用心。

新冠疫情发生以来，美国政党纷争、政治极化进一步加剧，混乱的政策致使抗疫失败，给美国民众生命健康安全造成难以弥补的损失。为转嫁抗疫失败的责任，美国政客突破科学与常识底线，屡屡在病毒溯源问题上炮制谎言。从2021年发布所谓"新冠病毒溯源问题解密版报告"，编造"武汉病毒研究所泄漏病毒"，到此次签署所谓法案，美国一次次搞政治溯源、情报溯源，对溯源科学合作和国际公共卫生治理造成严重破坏。此前，100多个国家和地区的300多个政党、社会组织和智库向世卫组织秘书处提交联合声明，呼吁世卫组织客观公正地开展全球新冠病毒溯源研究，坚决反对将溯源问题政治化。

新冠病毒溯源应是科学举证的过程，需要由权威科学家组成的专家团队进行研究。新冠病毒溯源应是全球范围的多点溯源，而不应仅仅针对中国，更不应"一次没查出来，那就多查几次"。美国动用情报部门捏造调查报告，助推溯源政治化，是对全球溯源工作方向和重点的严重误导。世卫组织新冠病毒溯源研究联合专家组成员普遍支持实验室泄漏"极不可能"这一科学判断，认为

没有任何证据支持对武汉实验室"不专业"的描绘，实验室人员中也没有出现任何可疑病例。多国政府发表声明指出，在溯源问题上动用情报机构或其他非科学机构不具建设性，只会导致分裂，并将把全球新冠病毒溯源合作引入歧途。

当前全球溯源科学研究面临的最大障碍是美国的政治化操弄。疫情发生以来，美国非但没有在溯源问题上采取任何负责任举措，反而搅浑水、搞栽赃。美国口口声声说重视新冠病毒溯源问题，却从未邀请世卫组织派专家组到本国开展溯源合作，从未提供任何本国早期疑似病例数据，甚至对秉持良知的科学家进行政治打压，对国际社会关于美国德特里克堡生物实验室、北卡罗来纳大学生物实验室和世界各地军事生物基地的关切更是充耳不闻。作为全球唯一阻挠重启《禁止生物武器公约》核查议定书谈判的国家、拥有全球数量最多的生物实验室的国家、全球确诊病例和死亡病例最多的国家，美国没有任何资格主导病毒溯源这样一项严肃的科学工作。继续编造谎言对他国进行攻击抹黑，只会在美国早已不光彩的行为清单上再添污点。

中方在新冠病毒溯源问题上的立场一以贯之，始终支持和参与全球科学溯源，坚决反对任何形式的政治操弄。新冠疫情发生以来，中方两次接待世卫组织国际专家来华开展溯源合作，形成了科学权威的联合研究报告，为全球溯源奠定了坚实基础。世卫组织成立新型病原体起源国际科学咨询小组后，中方提名专家参加咨询小组，并多次组织专家同世卫组织秘书处和咨询小组分享研究成果。在新冠病毒溯源问题上，中国分享的数据和研究成果最多，为全球溯源研究作出的贡献最大，这些事实有目共睹，不容歪曲。

美方一味将溯源问题政治化、工具化、武器化，只会阻碍全球溯源科学合作，分裂全球团结抗疫努力，破坏全球卫生治理机制。敦促美方尊重科学和事实，停止栽赃抹黑他国的政治操弄，尽快回应国际社会的合理关切，给世界人民一个负责任交代。

2023 年 3 月 30 日第 3 版

叁

遏制打压阻挡不了中国发展的步伐

谬论改变不了国际社会对中国经济发展的信心

国际投资机构纷纷上调2023年中国经济增速预测。一些西方媒体无视中国防疫政策调整给中国和世界经济带来的利好因素，毫无根据地唱衰中国经济。这些荒谬论调丝毫改变不了国际社会对中国经济发展的信心，也阻挡不了各方同中国加强互利共赢合作的大势

世界第二大水电站白鹤滩水电站近日全面投产发电，标志着中国在长江上建成世界最大清洁能源走廊；元旦假期，消费市场人气渐旺，暖意渐浓；从东部沿海的浙江、江苏，到中西部的湖南、四川，多地外贸企业掀起组团出海招商热潮……随着中国疫情防控政策调整转段，企业市场信心增强，生产步伐明显加快。

国际社会更加看好中国经济发展前景，认为中国果断调整防疫政策将为中国经济复苏增长创造更好的动力。摩根士丹利、高盛、摩根大通等国际投资机构纷纷上调2023年中国经济增速预测。美国银行的一项调查显示，中国防疫政策调整后，认为中国会出现更高增速的基金经理比例已飙升至约3/4。世界贸易组织总干事伊维拉表示，中国调整防疫政策有助于支撑世界经济发展。经合组织秘书长科尔曼指出，中国调整防疫政策"将支持中国和全球的复苏力度"。

然而，一些西方媒体不仅对中国经济的积极变化和国际经济组织、商业机构的权威判断置若罔闻，还毫无底线、毫无根据地唱衰中国经济。在中国坚持"动态清零"时，这些媒体无端渲染中国防疫政策对世界经济的负面影响，在中国因时因势主动优化防控政策后，这些媒体又抛出同样的论调。如此自相矛盾，除了暴露其看待中国时根深蒂固的政治偏见，更让人看到其惟恐中国好的

险恶用心。

应对世纪疫情这场大战大考，最关键的是如何做到既要保生命、保安全，也要保经济、保民生。疫情发生以来，中国始终积极应对、主动作为，以灵活的防控策略、充分的部署准备打有把握之仗，有效应对了全球五波疫情冲击，有效处置了国内 100 多起聚集性疫情，有效保障了人民健康安全和经济社会发展。过去 3 年，中国经济年均增长明显高于世界平均水平。中国的积极作为也为保障全球产业链供应链稳定顺畅、促进世界经济发展作出了重要贡献。实践证明，中国走出了一条高效统筹疫情防控和经济社会发展的辩证之道，既最大程度保护了人民生命安全和身体健康，又最大限度减少了疫情对经济社会发展的影响。

不久前举行的中央经济工作会议明确提出"六个统筹"，其中就包括更好统筹疫情防控和经济社会发展。中国因时因势优化完善防控政策，是在综合评估病毒变异、疫情形势和防控工作等基础上作出的防控策略调整，有助于提升防控工作的科学性、精准性、有效性，有助于更好地保障正常的生产生活和医疗卫生需求，有助于最大限度减少疫情对经济社会发展的影响。中国政府相应制定并发布了中外人员往来暂行措施，已于 1 月 8 日实施，为中外人员安全健康有序往来创造更好条件，更好保障对外交流合作，为全球经济发展带来更多利好。

疫情发生以来，如何加强宏观经济政策协调，共同推动世界经济复苏增长，始终是摆在国际社会面前的一项急迫任务。然而，个别对世界经济具有举足轻重影响的大国行事毫无责任感可言，不仅只顾一己私利一再加息向全球转嫁通胀压力，还大搞损人不利己的"脱钩断链"、极限制裁，不断给世界经济增加风险。一些西方媒体无视中国防疫政策调整给中国经济和世界经济带来的利好因素，散布有关中国经济的荒谬论调。然而，这些谬论丝毫改变不了国际社会对中国经济发展的信心，也阻挡不了各方同中国加强互利共赢合作的大势。

今天的中国，是充满生机活力的中国。中国经济韧性强、潜力大、活力足，长期向好的基本面依然不变。中国人民有信心战胜疫情，推动经济社会取得新发展，不断为世界经济强劲、可持续、平衡、包容增长贡献正能量。

2023 年 1 月 9 日第 3 版

抹黑中外港口合作
是在为共同发展制造障碍

中国同有关国家的港口合作在阳光下运行，光明磊落、坦坦荡荡。奉劝美国一些别有用心者停止滥用国家安全概念，停止炒作毫无根据的"中国投资全球港口威胁论"，收起破坏其他国家间正常商业合作的黑手

近年来，随着共建"一带一路"合作不断走深走实，中国企业积极参与共建国家港口建设和经营，不仅有力促进当地就业、基础设施改善和经济发展，还以出色的海运服务造福各国。然而，美国一些人戴着有色眼镜看中外港口合作，编造并大肆渲染"中国投资全球港口威胁论"，炒作所谓这些港口"更容易为中国海军提供支持""是显而易见的地缘政治风险"。这些无端指责将正常的商业合作泛政治化、泛意识形态化、泛安全化，本质是为了保持美国自身所谓"竞争优势"而对中国企业进行污蔑抹黑和无理打压。

海洋运输是国际贸易中最主要的运输方式。联合国贸易和发展会议统计数据显示，约八成全球货物贸易通过海运实现。港口是综合交通运输枢纽，其基础设施与配套设施完善度、运营管理成熟度，对国家经济发展尤其是海洋经济发展具有举足轻重的作用。每个海洋国家都非常重视港口建设与发展，将其作为促进贸易往来、经济发展的重要引擎，都会慎重、择优选定合作方。美国一些人仅凭对中国在全球港口所有权的统计，就认为中国投资全球近百个港口别有用意，声称中国的全球港口扩张已经"实现了重要的军事功能"。他们对双向选择、互利共赢的商业逻辑视而不见，却固守零和博弈思维，出于恶意妄加揣测。

中外港口合作给所在国带来重要发展机遇。多年来，中国企业积极参与共

建"一带一路"国家港口投资、建设、运营，带来良好经济社会效益。中斯共建"一带一路"重点合作项目、斯里兰卡科伦坡港口城，被美国《福布斯》杂志评为"影响未来的五座新城"之一，普华永道评估，该项目在开发运营过程中将为斯里兰卡吸引超过 97 亿美元外国直接投资，为当地创造超过 40 万个优质就业岗位；中国支持建设了柬埔寨金边港集装箱码头，助力其成为柬埔寨货物进出口主要港口，促进柬埔寨大米等农产品出口，创造巨大经济效益；安提瓜和巴布达圣约翰港利用中方优惠贷款建设，大大提升运输能力和使用效率，实现了该国打造地区航运中心、促进经济多元化和可持续发展的夙愿；通过引进中方先进管理技术和经验，希腊比雷埃夫斯港年集装箱吞吐量超过 500 万标准箱，成为地中海第一大港……有关国家普遍认为，中外港口合作既授人以鱼又授人以渔，促进了以港口为中心的区域经济协同发展和所在国整体发展。

中国在尊重相关国家意愿基础上开展港口等基础设施领域务实合作，从不干涉别国内政，从不针对第三方，从不对任何国家构成安全威胁。日前，中国企业收购德国汉堡港集装箱码头股权项目完成交割，成为中德经贸合作持续深化的风向标。美国也是中国企业参与海外港口建设的受益国。美国波士顿港与合作伙伴中远集团拓展务实合作，不仅保住了该港原有的 9000 个就业岗位，还累计创造了 40 万个就业机会，被港务局负责人称为"美中经贸合作的完美例证"。美国一些人对中国和其他共建"一带一路"国家间正常港口合作指手画脚，甚至横加阻挠，完全是以小人之心度君子之腹。应该提醒他们的是，美方在世界各地建立具有战略意义的前哨，在海外拥有 800 多个军事基地，仅在中国周围就有 313 个，霸权触角遍布全球。

中国同有关国家的港口合作在阳光下运行，光明磊落、坦坦荡荡。美国一些人抹黑中外港口合作，只会给各国合作共赢、共同发展带来阴影、制造障碍。中国将继续加强高质量共建"一带一路"同各国发展战略和地区合作倡议对接，加快口岸基础设施和区域国际物流大通道建设，共同把"一带一路"这条造福世界的发展之路铺得更宽更远。奉劝这些别有用心者停止滥用国家安全概念，停止炒作毫无根据的"中国投资全球港口威胁论"，收起破坏其他国家间正常商业合作的黑手。

2023 年 7 月 26 日第 2 版

遏制打压阻挡不了中国发展的步伐

美方以为通过限制对华高科技投资，就可以阻碍中国科技创新、阻滞中国发展进步，这种想法未免太天真了。美方要找到处理中美经济关系的正确方式，必须去除"心魔"，摆脱将中国发展视为威胁的扭曲心理

北京时间 8 月 10 日凌晨，美国白宫发布对外投资审查行政令，限制美国主体投资中国半导体和微电子、量子信息技术和人工智能领域。这一行政令酝酿已久，因其后果损人害己而受到广泛质疑、批评和反对。但美方受自身错误对华政策影响，难以抑制搞经济胁迫和科技霸凌的冲动。这再次说明，执迷于维护霸权私利的美国，已经成为国际经贸秩序和全球产业链供应链稳定的破坏者。

美方出台对外投资审查行政令，是想通过给中国使绊子维护自身霸权地位。近年来，中美经济关系面临严重障碍，根源在于美方妄图剥夺中国发展权利，用零和博弈思维处理经济问题，以政治操弄干扰破坏正常经贸往来。本届美国政府不仅延续对中国输美产品加征关税的做法，还变本加厉对华搞封锁遏制，一再升级出口管控，掀起对华投资审查……美方种种"脱钩断链""小院高墙""去风险"行为严重违背市场经济和公平竞争原则。具有讽刺意味的是，美方一面执意出台对外投资审查行政令，一面却宣称将保持"对开放投资的长期承诺"。这种难以自圆其说的说法，只能暴露其虚伪，根本掩盖不了其阻碍开放合作的企图，自然也无法安抚因该行政令蒙受损失的美国企业。

在包装美化对外投资审查行政令时，美方再次搬出所谓"保护国家安全"的借口。但近年来的事实清楚地表明，美方所说的"国家安全威胁"是一个无所不装的大筐，人们看不到美国国家安全的边界在哪里。无论是风靡全球的视频分享应用，还是在港口作业的起重设备，无论是美方企业开拓中国市场，还是中国企业到美国投资，在美方的政治操弄下，都会被贴上"国家安全威胁"的标签。甚至连中国企业向美方合作伙伴分享技术，也被渲染为将造成美方对中国技术的"依赖"，因而被视为威胁。美方大搞泛安全化、泛政治化，实质是搞逆全球化、"去中国化"。

美方在处理对华经济关系时不断将经贸科技问题政治化、工具化、武器化，不仅损害中美两国的利益，还严重破坏国际经贸秩序，严重扰乱全球产业链供应链稳定，损害的是整个世界的利益。当前，世界经济复苏困难重重，美方人为阻碍全球经贸交流与合作，极力拉拢、威逼盟友打造对华科技封锁线，霸权的黑手越伸越长，引起国际社会强烈担忧和高度警惕。国际货币基金组织警示，"四分五裂的世界很可能是更穷的世界"。

美方以为通过限制对华高科技投资，就可以阻碍中国科技创新、阻滞中国发展进步，这种想法未免太天真了。在全球经济和科技联系如此紧密的当下，没有任何国家能够垄断科技创新和发展优势。中国已经成为全球科技创新的高地，加快实现高水平科技自立自强的信心坚定不移。美国越是制裁中国，中国就越会努力加快技术进步。中国有超大规模市场优势，坚持扩大高水平对外开放，不断优化营商环境，对外资的吸引力前所未有。联合国贸易和发展会议发布的报告显示，2022 年中国吸引的外国直接投资达到创纪录的 1891 亿美元。今年在全球外国直接投资继续面临下行压力的背景下，上半年中国实际使用外资金额整体规模保持稳定、引资质量持续提升。美国限制本国主体对华投资，是在强迫本国企业放弃中国机遇，这样的做法注定不得人心。

遏制打压阻挡不了中国发展的步伐，破坏正常国际经贸合作只会加剧美国自身的问题和世界面临的挑战。美方要找到处理中美经济关系的正确方式，必须去除"心魔"，摆脱将中国发展视为威胁的扭曲心理，切实履行无意对华"脱钩"、无意阻挠中国经济发展的承诺，停止将经贸科技问题政治化、工具化、武器化。只有这样，才能为中美经贸合作创造良好环境。

2023 年 8 月 12 日第 3 版

构筑"小院高墙"终将反噬自身

美方企图通过"科技脱钩"封堵中国科技上升路径，阻滞中国发展进步。这种做法既高估了自己的能力，也低估了中国实现科技创新的决心

华为公司新款智能手机在国内外引发持续关注。人们从中看到，美国制裁无法阻止中国技术进步。然而，美方却执迷不悟，声称"无论如何，美国应继续实施'小院高墙'技术限制措施"。美方不择手段打压中国科技发展，妄图剥夺中国发展权利，是典型的霸凌行径。事实已经而且必将继续证明，"科技铁幕"和"小院高墙"维护不了科技霸权，破坏全球科技合作和产业链供应链者，只会自食苦果。

近年来，美国政府打着维护国家安全的幌子，接连出台对华限制措施，在科技领域打压中国。美方多次声称，"小院高墙"不是为了实现更广泛的"脱钩"，"小院"之外的领域会对华开放，但管制措施的范围却在不断扩大，程度在不断收紧。动用国家力量推出所谓《芯片与科学法》，拼凑所谓"半导体产业联盟""芯片四方联盟"，发布对外投资审查行政令……美方一再升级遏制打压，迄今已将 1300 多个中国企业、机构和个人列入各类制裁清单，甚至连中国社交媒体应用程序都不放过。美方的真实目的，就是通过"科技脱钩"封堵中国科技上升路径，阻滞中国发展进步。

美方这种做法悖逆科技开放合作大势，既高估了自己的能力，也低估了中国实现科技创新的决心。回顾历史，中国的发展始终建立在自身力量的基点上，从"两弹一星"到载人航天、量子通信、北斗导航，再到在芯片领域攻坚克难，无数事实早已证明，限制打压阻挡不了中国的发展，只会增强中国自立自强、科技创新的决心和能力。当前，中国自主创新能力大幅增强，新兴前沿科技成

果不断涌现，新能源、人工智能等新产业新业态蓬勃发展。面对封锁打压，中国不搞自我封闭、自我隔绝，而是全方位加强国际科技创新合作，更加主动地融入全球创新网络，在开放合作中提升自身科技创新能力。不少国际观察人士指出，"脱钩"逆流无法阻挡中国创新驱动步伐。

肆意打压中国科技发展不会让美国变得更好，只会极大削弱其全球竞争力。中国是世界最大的半导体市场，芯片销售规模约占全球的1/3，这是中国企业与各国企业互利共赢合作的结果。美国半导体行业协会总裁约翰·诺伊弗近日坦言，中国对美国半导体行业非常重要，是供应链的一个重要组成部分，同时也是非常大的客户群。美方强迫本国企业远离中国市场，不仅损害中国企业正当权益，也会反噬自身。根据波士顿咨询集团的预测，如果对华完全"脱钩"，美国的半导体行业将失去18%的全球市场份额和37%的收入，减少1.5万至4万个高技能工作岗位。美国《国家利益》杂志刊文指出，美国收紧对华技术出口限制减少了美国半导体企业的收入，危及其研发预算。

美国希望在高科技行业保持全球领先，必须接受和面对公平竞争。美方不应为了维护科技霸权不择手段，不应剥夺其他国家的发展权利，更不应为了一己私利破坏全球产业链供应链。中国不回避竞争，也不惧怕竞争，但认为竞争应有助于相互促进和共同提升，符合双方和国际社会共同利益和期待。中方坚决反对以竞争之名行围堵遏制打压之实。中国发展的目标是不断提升自我，让中国人民过上更加幸福美好的生活。谁也不能剥夺中国人民享有的正当发展权利。

科技创新是人类文明进步的标志，理应服务于国际社会。要真正发挥科技创新对人类文明进步的推动作用，各方必须展现大格局、大担当。美方执意拉起"科技铁幕"，只会蒙蔽自己的双眼；美方执意构筑"小院高墙"，终将发现被围困的是自己。中国将继续顺应开放合作大势，坚定不移推进高水平科技自立自强。

2023 年 9 月 12 日第 17 版

肆

符合国际大义、顺应时代潮流的正确选择

符合国际大义、顺应时代潮流的正确选择

中国同洪都拉斯建交光明正大，是任何人、任何势力都无法阻挡的历史潮流。相信未来会有更多国家选择承认并恪守一个中国原则，做出与中国建立或恢复外交关系的政治决断

3月26日，中国同洪都拉斯签署两国关于建立外交关系的联合公报。两国政府决定自公报签署之日起相互承认并建立大使级外交关系。至此，世界上已有182个国家同中国建立外交关系。这充分表明，坚持一个中国原则是符合国际大义、顺应时代潮流的正确选择，是人心所向、大势所趋。

一个中国原则为1971年联大第2758号决议所确认，是国际社会普遍共识和公认的国际关系基本准则。世界上只有一个中国，中华人民共和国政府是代表全中国的唯一合法政府，台湾是中国领土不可分割的一部分，这是无可辩驳的历史和法理事实。洪都拉斯政府选择同世界上181个国家站在一起，承认并承诺恪守一个中国原则，同台湾断绝所谓的"外交关系"，同中华人民共和国建立外交关系，并承诺不再同台湾发生任何官方关系，不进行任何官方往来，顺应大势、合乎民心。

中国同洪都拉斯建交光明正大，是任何人、任何势力都无法阻挡的历史潮流。承认并承诺恪守一个中国原则、不设任何前提同中国建交，这是洪都拉斯政府自主作出的正确政治决断，符合洪都拉斯国家和人民的根本利益和长远利益，也是选择站在历史正确一边和绝大多数国家一边。此前几年，中国已相继同圣多美和普林西比、巴拿马、多米尼加、布基纳法索、萨尔瓦多、所罗门群岛、基里巴斯、尼加拉瓜等国建立或恢复外交关系。

随着中国同洪都拉斯建交，两国关系翻开了崭新篇章。中洪建交后，双方

开展合作的政治障碍被扫除。中方愿在和平共处五项原则基础上，同洪方加强各领域友好合作。双方将加强对接协调，就重要双边协议与合作机制加快磋商，尽早达成一致，迅速搭建双边关系的"四梁八柱"。中方欢迎洪都拉斯支持和加入共建"一带一路"倡议、全球发展倡议、全球安全倡议和全球文明倡议，在有关框架下推动交流借鉴和务实合作。洪方表示，愿同中方进一步密切两国关系，全速推进两国各领域合作，加强在多边领域沟通协调，实现互利共赢。中洪建交不仅造福两国人民，也将为加强发展中国家团结合作、推进国际关系民主化产生重要影响。

近来，美国企图阻挠其他主权国家同中国发展正常国家关系。台湾民进党当局也频频发表不负责任言论，进一步暴露了"倚美谋独"祸心。我们敦促美方恪守一个中国原则和中美三个联合公报规定，切实将美国领导人作出的不支持"台独"、不支持"两个中国"或"一中一台"的承诺落到实处。我们正告台湾当局，搞"台独"分裂活动违背中华民族的意志和利益，逆历史潮流，注定是绝路一条。

中洪关系已经扬帆起航。相信在双方共同努力下，中洪友谊之船必将乘风破浪、行稳致远，驶向光明的未来。相信未来会有更多国家选择承认并恪守一个中国原则，做出与中国建立或恢复外交关系的政治决断。

2023 年 3 月 27 日第 3 版

"倚美谋独""以台制华"注定失败

近日，中国台湾地区领导人蔡英文在"过境"窜美期间，与美国国会众议长麦卡锡为首的一众国会议员会面，搞所谓"政治秀"。这一提升美台官方往来和实质关系的政治挑衅，严重违反一个中国原则和中美三个联合公报规定，严重损害中国主权和领土完整，严重冲击中美关系政治基础，严重破坏台海和平稳定。

蔡英文"过境"窜美期间，试图把自己包装成"爱好和平者""两岸关系中负责任的那一方"，这是在自欺欺人。世界上只有一个中国，中华人民共和国政府是代表全中国的唯一合法政府，台湾是中国领土不可分割的一部分，这是无可辩驳的历史和法理事实，也是包括美国在内的世界上 182 个国家都承认的事实。海峡两岸长期政治对立的特殊状态并没有赋予台湾在国际法上的地位和权利，也不能改变台湾是中国一部分的法律地位。民进党当局顽固坚持"台独"分裂立场，拒不接受一个中国原则，公然宣扬"台湾是民主国家""中华人民共和国对台湾没有管辖权"，在岛内推行"去中国化""渐进式台独"，在台海问题上不断挑衅大陆、滋生事端，完全是数典忘祖，完全是置台湾民众安全和发展利益于不顾，其行为完全与其标榜"和平""负责任"等背道而驰。

蔡英文"过境"窜美期间，主动叼盘美方编织的所谓"民主对抗威权"虚假叙事，刻意渲染台湾与大陆之间的制度差异，这种假民主之名行"台独"之实的危险做法，进一步暴露其"媚美卖台"的谋"独"祸心。两岸制度不同，不是统一的障碍，更不是分裂的借口。民进党当局把两岸关系歪曲为所谓"民主"与"威权"的对抗，是在为"台独"寻找借口，这才是对台湾人民真正的威胁！台湾的前途在于两岸关系和平发展并最终实现祖国统一，两岸中国人应该共同努力谋求国家统一。民进党当局为谋取政治私利，甘做霸权仆从，造成台海局势动荡紧张，让越来越多台湾同胞认识到，台美勾连为祸台湾，勾连越深，祸害越大。

一个中国原则是维护台海和平稳定的定海神针，也是遵守国际关系基本准则的应有之义。蔡英文以"过境"为幌子，在美国领土上大搞政治活动，与美国政府第三号人物高调接触，目的就是在国际上制造"一中一台""两个中国"，就是继续搞"倚美谋独"。美方不顾中方严正交涉和反复警示，违背其在中美建交公报中所做的政治承诺，不仅为蔡英文"过境"窜美开绿灯，还允许美国政府第三号人物与其接触，就是在升级美台官方往来，就是在虚化掏空一个中国原则，就是在向"台独"分裂势力发出严重错误信号。美国的根本目的是将台湾当作棋子，继续搞"以台制华"，企图阻挡中国实现完全统一和中华民族迈向伟大复兴。这一不可告人的目的，世人已看得很清楚，也注定不可能得逞。

美方一些人为了混淆视听，接连抛出所谓麦卡锡在美国同蔡英文进行接触是一种"妥协方案"、美方对蔡英文"过境"窜美一事已经表现出"克制"、"中方不应反应过度"等论调。这些说辞完全颠倒黑白，进一步暴露了美方虚伪本质。美方在中美建交公报中明确承认中华人民共和国政府是中国的唯一合法政府，本届美国政府的领导人多次明确承诺不支持"台湾独立"、不支持"两个中国""一中一台"。如今美方背信弃义，实质性提升美台官方往来，公然允许蔡英文在美国领土上推销"台独"主张，允许美国政府高级官员为民进党当局搞"台独"活动站台撑腰。美方嘴上谈"克制"，行动上却不断挑衅，是其霸权霸道霸凌本性的又一次大暴露。

蔡英文"过境"窜美再次让世界清楚看到，台海局势不稳定的根源在于民进党当局"倚美谋独"，在于美国大搞"以台制华"，美台勾连挑衅是台海和平稳定的真正威胁。中国政府和中国人民坚决打击"台独"分裂势力，坚决反制美台勾连行径，是维护国家主权和领土完整的正义之举，也是维护台海和平稳定和世界和平稳定的正义之举。

2023 年 4 月 7 日第 4 版

中国政府有强大能力挫败任何形式的"台独"分裂行径

"台独"势力分裂活动和外部势力打"台湾牌"的严重挑衅来一次,中方必定坚决斗争一次。中国政府有强大能力塑造推进国家统一的战略态势与环境,有强大能力挫败任何形式的"台独"分裂行径

针对中国台湾地区领导人蔡英文"过境"窜美期间与美国国会众议长麦卡锡会面的严重政治挑衅,中方采取了一系列反制措施。这是对民进党当局妄图"倚美谋独"、美方企图"以台制华"行径的坚决有力回击,充分彰显中国捍卫国家主权和领土完整的坚定决心。

蔡英文"过境"是假,谋求"突破"、宣扬"台独"是真;所谓"外交大突破"是假,"害台""卖台"是真。"过境"窜美期间,蔡英文不是老老实实待在机场或宾馆,而是以各种名目同美国政府官员、国会议员接触,搞台美官方往来。明眼人一看便知,"过境"窜美根本不是"私人性质"的活动,本质上是"倚美谋独""媚美卖台",企图制造"一中一台""两个中国",伺机在国际上兜售"台独"主张,并谋求美国反华势力的支持。民进党当局出于政治私利,利用各种机会从事谋"独"分裂活动,美方大打"台湾牌",企图"以台制华",置台海和平稳定和台湾民众根本利益于不顾,完全是台海和平稳定的麻烦制造者和破坏者。

美国国会作为美国政府的组成部分,有责任履行美国政府对中方作出的严肃承诺,严格恪守一个中国原则,不与中国台湾地区进行任何官方往来。无论根据国际法还是美国内法,"三权分立"都不是美无视国际义务,违反国际关系基本准则、挑衅中国主权、违背其在台湾问题上所作承诺的理由。过去的错

误不能为今天的错误开脱，犯错次数的叠加不能提供任何合法性。美国口口声声称其一个中国政策没有变，实际上却在不断"切香肠"，歪曲、篡改、虚化、掏空一个中国原则。美方的所作所为，就是把台湾当作遏制中国发展进步的棋子，最终牺牲的是台湾同胞的利益福祉和光明前途。

中方坚决反对台湾地区领导人以任何名义、任何理由"过境"窜美，坚决反对美国政府同台湾方面进行任何形式的官方接触。中方已多次就蔡英文"过境"窜美问题向美方提出严正交涉，美方一味纵容支持"台独"分裂势力，性质极为恶劣，中方必须坚决反制。中方的反制措施既不是美方辩称的"过激"，也不是其所谓的"单方面改变现状"。中国政府采取的一切反制措施都属于中方维护国家主权和领土完整的正当合法权利，是必要、及时的防守反制，旨在维护国家主权和安全、阻止美国反华势力和"台独"分裂势力在错误和危险的道路上走得更远。

一个中国原则得到联合国和绝大多数国家的承认，已成为公认的国际关系基本准则，构成二战后国际秩序的重要组成部分。中方对美台勾连升级予以坚决反制，也是维护国际关系基本准则和二战后确立的国际秩序的正当之举。如果中国对美国干涉内政和损害主权的行为无动于衷，尊重主权和领土完整等联合国宪章宗旨和国际关系基本准则就将沦为一纸空文。中国坚决反对美国借台湾问题挑衅滋事，对美国的霸权霸道霸凌行径说不，就是在捍卫国际公平正义。正因如此，中国的做法得到国际社会绝大多数国家的支持。

"台独"势力分裂活动和外部势力打"台湾牌"的严重挑衅来一次，中方必定坚决斗争一次，决不允许中国主权和领土完整受到践踏和破坏。事实证明，通过坚决开展反分裂、反干涉重大斗争，中国政府进一步掌握了实现祖国完全统一的战略主动，进一步巩固了国际社会坚持一个中国原则的格局。中国政府有强大能力塑造推进国家统一的战略态势与环境，有强大能力挫败任何形式的"台独"分裂行径。

统一是历史大势，是正道。"台独"是历史逆流，是绝路。"台独"分裂和外来干涉图谋，阻遏不了祖国统一的历史大势，阻挡不了中华民族走向伟大复兴的历史进程。中国人民有捍卫国家主权和领土完整的坚强决心、坚定意志和强大能力。祖国完全统一的历史任务一定要实现，也一定能够实现！

2023 年 4 月 8 日第 3 版

世卫大会拒绝涉台提案是正义之举、人心所向

民进党当局为一党政治私利大搞政治操弄，频刷"国际存在"，妄图"以疫谋独"，是弃大道、走绝路。个别国家明里暗里支持怂恿，推波助澜，这种逆历史潮流而动、故意破坏国际规则的恶劣行径注定失败

5月22日，第七十六届世界卫生大会总务委员会和全会分别做出决定，明确拒绝将个别国家提出的所谓"邀请台湾以观察员身份参加世卫大会"的提案列入大会议程。这是世卫大会连续第七年拒绝所谓涉台提案，充分说明一个中国原则是国际社会人心所向、大势所趋，不容任何挑战。

在中国台湾地区参与国际组织，包括世界卫生组织活动问题上，中方立场是一贯的、明确的，即必须按照一个中国原则来处理，这也是联合国大会第2758号决议和世界卫生大会25.1号决议确认的根本原则。2009年至2016年，台湾地区连续8年以"中华台北"名义和观察员身份参加世卫大会，这是在两岸均坚持体现一个中国原则的"九二共识"基础上，通过两岸协商作出的特殊安排。民进党自2016年上台以来，将政治图谋置于台湾地区人民福祉之上，顽固坚持"台独"分裂立场，拒不承认体现一个中国原则的"九二共识"，导致台湾地区参加世卫大会的政治基础不复存在。为了维护一个中国原则，捍卫联合国大会及世卫大会相关决议的严肃性和权威性，中方决定不同意台湾地区参加今年世卫大会，是正义且必要之举。

世界上主持正义的国家普遍理解和支持中方作出不同意台湾地区参加今年世卫大会的决定。一段时间以来，近140个国家明确支持中方立场，近百个国家专门致函世卫组织总干事或公开发表声明，重申坚持一个中国原则，反对台

湾参会，强调台湾缺乏参与世卫大会的政治基础，涉台问题不应干扰会议进程等。这些正义之声充分说明世界上绝大多数国家在世卫大会涉台问题上秉持正确立场，也再次证明一个中国原则不容歪曲、否定和挑战，任何打"台湾牌"、搞"以台制华"的图谋都将以失败告终。

个别国家鼓动所谓"邀请台湾以观察员身份参加世卫大会"，完全是妄图将卫生问题政治化，借台湾问题粗暴干涉中国内政。今年世卫大会召开前，美国国务院发表所谓声明，妄称"强烈鼓励"台湾地区参加世卫大会，并施压世卫组织不得阻挠。美国众议院外交委员会还通过一项所谓法案，称中国代表权不含台湾地区。美国罔顾国际法和国际关系基本准则，借涉台问题搞政治操弄，真正企图在于"以台制华"。正是在美国的指使和授意下，个别国家向世卫组织提交提案，试图以"补充项目"在世卫大会议程上讨论邀请台民进党当局参加会议。世卫大会迅速拒绝这份荒唐的提案，是对美国霸权霸道霸凌行径的又一记重击。

台湾民进党当局所谓不让台参加世卫大会将导致国际防疫体系"出现缺口"，纯属无稽之谈。中国中央政府始终高度重视台湾同胞的健康福祉。新冠疫情发生后，中国中央政府已向台湾地区通报新冠疫情超过 500 次。根据中方同世卫组织达成的安排，在符合一个中国原则的前提下，台湾地区的医疗卫生专家可以参与世卫组织的相关技术会议。仅过去一年，中国中央政府就批准台湾地区卫生专家参加世卫组织技术活动达到 24 批 26 人次。台湾地区设有《国际卫生条例》联络点，能够及时获取和通报突发卫生事件信息。这些安排确保了无论是岛内还是国际上发生突发公共卫生事件，台湾地区均可及时有效应对。民进党当局拿参与世卫大会做文章，绝非出于防疫需要，而是借参会拓展台所谓"国际空间"，搞"以疫谋独"。

世界上只有一个中国，台湾是中国的一部分的历史事实和法理事实不容置疑。民进党当局为一党政治私利大搞政治操弄，频刷"国际存在"，妄图"以疫谋独"，是弃大道、走绝路。个别国家明里暗里支持怂恿，推波助澜，这种逆历史潮流而动、故意破坏国际规则的恶劣行径注定失败。

2023 年 5 月 24 日第 2 版

坚持一个中国原则的历史大势不可阻挡

面对美国政客和民进党当局的阻拦施压，中美洲议会坚持作出正确选择，充分说明国际社会普遍坚持一个中国原则的格局不可撼动、不容挑战，任何制造"两个中国""一中一台"的图谋都绝不会得逞

当地时间 8 月 21 日，中美洲议会全会通过取消台湾地区所谓"立法院""常驻观察员"地位、接纳中国全国人大为常驻观察员的两项决议。上述决议再次表明，坚持一个中国原则是不可阻挡的时代潮流。

一个中国原则为 1971 年联合国大会第 2758 号决议所确认，是国际社会普遍共识和公认的国际关系基本准则。世界上只有一个中国，中华人民共和国政府是代表全中国的唯一合法政府，台湾是中国领土不可分割的一部分，这是无可辩驳的历史和法理事实。台湾除了作为中国的一部分，没有其他国际法地位，无权加入只有主权国家能够加入的国际组织。近年来，巴拿马、多米尼加、萨尔瓦多、尼加拉瓜、洪都拉斯等中美洲国家纷纷选择同中国建交或复交，充分说明一个中国原则在中美洲地区已成为广泛共识。作为由中美洲地区主权国家组成的议会组织，中美洲议会决定取消台湾地区所谓"立法院""常驻观察员"地位、接纳中国全国人大为常驻观察员，顺应地区国家与中国建立或恢复外交关系的大势，顺应地区国家人民加强与中国合作的期待。

绝大多数中美洲国家坚持一个中国原则，为加强同中国的各领域合作创造了政治条件，为地区人民带来了实实在在的福祉。巴拿马同中国建交后，双方在经贸、金融、农业、旅游、交通、海事等领域广泛开展互利合作。新冠疫情期间，中国为多米尼加抗疫提供有力支持，多参议院为此专门对中国予以表彰。萨尔瓦多同中国建交以来，国家图书馆、拉利伯塔德码头等两国合作项目有序

推进。尼加拉瓜总统顾问、对华合作牵头人劳雷亚诺用"迅速""高效""丰硕"形容复交以来尼中关系发展。今年3月建交以来，中国与洪都拉斯已签署共建"一带一路"谅解备忘录，中国—洪都拉斯自贸协定第一轮谈判已于7月初启动。中美洲人民充分感受到，加强同中国的合作有利于促进国家发展、改善人民生活，是符合本国和地区利益的正确选择。

不久前，美国国会众议院通过一项所谓"台湾国际团结法案"，声称联合国大会第2758号决议"仅承认中华人民共和国政府是中国在联合国的唯一合法代表，但没有涉及台湾在联合国的代表权问题，也没有对中华人民共和国与台湾的关系采取立场"。这种论调肆意歪曲联合国大会决议，是美方在台湾问题上搞舆论欺诈的卑劣伎俩。据报道，中美洲议会有关动议提出后，美国一些政客企图打着"民主"的幌子对中国妄加抹黑，向中美洲议会施压。台湾民进党当局也鹦鹉学舌，混淆视听，甚至对有关中美洲国家恶语相向。面对美国政客和民进党当局的阻拦施压，中美洲议会坚持作出正确选择，充分说明国际社会普遍坚持一个中国原则的格局不可撼动、不容挑战，任何制造"两个中国""一中一台"的图谋都绝不会得逞。

坚持一个中国原则是国际大义、人心所向、大势所趋，任何势力都无法阻挡。中美洲议会成员国中仅剩危地马拉未同中国建交，危国内接受一个中国原则的呼声日益高涨。相信世界上越来越多的国家、国际社会越来越多的成员将认清大势，作出符合时代潮流的正确决定。

2023 年 8 月 23 日第 3 版

美方借南海问题搞挑拨外交不会有市场

美方一而再、再而三违背地区国家意愿，企图在南海掀起风浪，进一步暴露出美国所谓"印太战略"在地区制造分裂对抗的真面目

在近日举行的东亚峰会上，美方再次围绕南海问题制造事端，企图挑拨有关国家同中国的关系。美方一而再、再而三违背地区国家意愿，企图在南海掀起风浪，进一步暴露出美国所谓"印太战略"在地区制造分裂对抗的真面目。

美方在东亚峰会上故伎重施，大谈要维护南海"航行和飞越自由"，并再次拿所谓南海仲裁案裁决说事。所谓南海"航行和飞越自由"，根本就是一个伪命题。美方从来拿不出证据表明哪个国家的哪艘船、哪架飞机、什么时候在南海航行或者飞越时遇到问题。美方舰机打着维护"航行和飞越自由"的旗号在南海耀武扬威，大搞军事化，才是南海和平稳定面临的真实威胁。所谓南海仲裁案裁决严重违反包括《联合国海洋法公约》在内的国际法，是非法的、无效的。中方不接受、不承认该裁决，不接受任何基于该裁决的主张和行动，正是维护《联合国海洋法公约》权威性和完整性的正当举措。美国自身迟迟不加入《联合国海洋法公约》，却反复拿《联合国海洋法公约》说事，足见其虚伪本性。在所谓南海仲裁案问题上，美国本就是始作俑者和幕后操手，如今又一再渲染炒作相关非法裁决，充分说明其意图将国际法政治化、工具化、武器化。

多年来，在中国和东盟国家共同努力下，南海局势实现总体稳定，为各自发展提供了良好环境。中国坚持走和平发展道路，作为《联合国海洋法公约》缔约国，始终同东盟国家一道，根据包括《联合国海洋法公约》在内的国际法，结合地区实际情况，在相互尊重的基础上妥善处理南海问题。当前，中国与东盟国家正在全面有效落实《南海各方行为宣言》，积极推进"南海行为准

则"磋商。美国作为域外国家，出于一己私利，千方百计在南海挑动是非，兴风作浪，目的是离间地区国家同中国的关系，干扰破坏中国与东盟国家维护南海和平稳定的努力，服务其遏制打压围堵中国的战略企图。美方做法违反国际关系基本准则，违背地区人民意愿和合作潮流，注定不会得逞。此次东亚峰会上，美方蓄意偏离会议主题，破坏合作气氛，无人附和是自然结果。再早些时候，美方高调声称美国与印尼两国防长发表联合声明批评中国南海主张，但印尼方面很快就拆穿美方谎言，表示美方发布的消息与事实不符。类似情况此前也曾出现，充分说明美方谎言外交、挑拨外交只会自取其辱。

美国一再翻炒南海问题，图谋通过人为制造分裂对抗，威逼利诱地区国家选边站队。地区国家对美方的意图看得很清楚，普遍不愿成为美国霸权棋盘上的棋子。印尼总统佐科表示，东盟不能成为任何国家的代理人，也不能卷入大国竞争，东盟致力于加强团结与凝聚力。新加坡第一副总理黄循财指出，东盟成员国不想在中美之间选边站队，"在该地区朝任何一个方向采取的任何举动都不会有多少国家跟随，因为东盟没有人希望看到爆发'新冷战'"。美方应认真倾听地区国家的心声，充分认识到任何靠制造分裂对抗来维护霸权私利的行径在亚太都没有市场。

此次东亚峰会上，绝大多数国家都主张通过建设性对话和友好协商加强合作，共同打造地区增长中心。美方极力插手介入南海问题，挑拨地区国家关系，是地区秩序的搅局者和破坏者。地区国家对美方的危险企图保持高度警惕，普遍希望继续把维护南海和平稳定的主导权掌握在自己手中，共同维护地区和平发展、合作发展大局。美方搞挑拨外交，注定是竹篮打水一场空。

2023 年 9 月 13 日第 15 版

无视中方善意和克制的
南海挑衅行径极其危险

如果菲方误判形势，一意孤行，甚至与不怀好意的域外势力相互勾联，继续生事生乱，中方必将依法维权，坚决回应

一段时间以来，菲律宾在南海屡屡生事，不断在中国南沙群岛仁爱礁海域侵权挑衅，持续散布虚假信息抹黑中国。作为域外国家，美国不仅怂恿支持配合菲方挑衅行为，还颠倒是非，对中方横加指责，不负责任地升高地区紧张局势。菲方倚仗域外力量支持，无视中方善意和克制，一再挑衅中方原则和底线，这种行径是极其危险的，对地区和平稳定、繁荣发展造成严重危害。

中国对包括仁爱礁在内的南沙群岛及其附近海域拥有无可争辩的主权，这是在长期历史进程中形成并确立的，符合包括《联合国宪章》在内的国际法。菲方曾郑重承诺拖走在仁爱礁非法"坐滩"的军舰，但24年来一直没有兑现承诺。今年以来，菲方背弃承诺，不断派公务船、军舰强闯仁爱礁海域，企图运送用于大规模维修加固非法"坐滩"军舰的建筑物资，实现对仁爱礁的永久占领，这严重侵犯中方主权，严重违反国际法和《南海各方行为宣言》。打破中菲之间达成的共识、加剧南海形势紧张的是菲律宾，试图改变仁爱礁现状、制造既成事实的是菲律宾，极力拉拢域外力量向中方施压的也是菲律宾。这是无论菲方如何炒作都改变不了的事实。

针对菲方蓄意滋事挑衅，中国海警依法采取反制措施，坚定维护领土主权，现场处置正当合法、专业规范。中方坚决反对菲方侵占仁爱礁的图谋，已通过多个层级、多个渠道向菲方表明中方严正立场，并提出妥善管控仁爱礁局势的倡议。菲方依据非法无效的南海仲裁案所谓裁决，主张仁爱礁属于菲律宾的专属经济区和大陆架，否定中国对仁爱礁的领土主权，违反国际法原则，在法律上是站不住脚的。中方将继续按照国内法和国际法，采取必要措施，坚决应对任何侵权挑衅行径，坚定维护自身的领土主权和海洋权益。同时，中方愿同菲方通过对话协商妥善管控分歧，不会关上同菲方对话接触的大门。希望菲方作出正确选择，把对话协商妥处分歧的承诺落到实处。

菲方在南海滋事挑衅，倚仗的域外力量是美国。美方不仅怂恿、支持菲律宾维修加固仁爱礁"坐滩"军舰，还派军机军舰在海上配合支持菲方，多次在菲律宾挑衅行为被中方现场处置后对中方妄加指责，并动辄以履行《美菲共同防御条约》来威胁中方。美方做法不仅完全背弃了自身在南海问题上不持立场的承诺，而且明目张胆地为菲方侵犯中方主权撑腰打气，还在国际上颠倒黑白、倒打一耙，贩卖安全焦虑，鼓动对立对抗，严重违反联合国宪章宗旨和原则，严重危害地区和平稳定，极不负责也十分危险。曾任菲律宾前总统发言人的里戈贝托·蒂格劳日前发表文章指出，菲律宾当前的非理性举动与美国的鼓动有很大关系，美国试图把中国塑造成"对菲律宾等周边国家的威胁"，"美国给我们洗脑太容易了"。

美方妄图借菲律宾之手将南海"搅浑"已不是第一次，其目的是通过炒作南海问题破坏中国与地区国家关系，拉别的国家帮助推进其围堵遏制中国的地缘政治图谋。美方曾幕后操纵所谓南海仲裁案这一政治闹剧，现在又极力拉拢菲律宾政府，加紧在南海周边部署军力，伙同盟伴在南海搞所谓联合巡航、联演联训，以所谓"安全承诺"向菲方一再释放错误信号。对于美方为维护自身霸权而捆绑菲律宾、怂恿菲为其当炮灰的把戏，菲国内有识之士看得明白。正如菲律宾"亚洲世纪"战略研究所副所长安娜·马林博格—乌伊所言："美国拉拢菲律宾的举动正在亚太地区挑起更多紧张、分裂和事端，不仅威胁地区和平与稳定，还将加剧菲律宾乃至整个地区的军事化趋势。"

菲美勾结导致南海事态升级，违逆时代潮流，不符合地区国家整体利益。中国始终致力于同包括菲律宾在内的东盟国家通过对话协商共同维护南海和平稳定，但绝不接受任何威胁、胁迫和无端攻击指责。中国维护自身领土主权和海洋权益的决心和意志坚定不移。如果菲方误判形势，一意孤行，甚至与不怀好意的域外势力相互勾联，继续生事生乱，中方必将依法维权，坚决回应。

2023 年 12 月 25 日第 18 版

伍

美国霸权霸道霸凌行径严重危害世界

美国应尽早摒弃"长臂管辖"

美国滥施"长臂管辖",将其作为攫取地缘政治和经济利益、维护美国霸权的工具,不仅严重侵犯别国主权、干涉别国内政、损害别国正当利益,也严重侵蚀以联合国为核心的多边主义国际秩序

长期以来,美国频繁对各国实施"长臂管辖",且管辖范围不断扩大、长臂越伸越长。美国滥施"长臂管辖",将其作为攫取地缘政治和经济利益、维护美国霸权的工具,不仅严重侵犯别国主权、干涉别国内政、损害别国正当利益,也严重侵蚀以联合国为核心的多边主义国际秩序。

美国"长臂管辖"本质是美政府以综合实力和金融霸权为后盾,根据本国法律,对他国实体和个人滥施"域外管辖"的蛮横司法行径。美国不仅逐步发展出体系庞大、相互补充、环环相扣的"长臂管辖"法律体系,还不断降低打击门槛、扩大自由裁量权,使之成为美国推行霸权外交、谋求经济利益的工具。据统计,美国上届政府累计实施逾 3900 项制裁措施,相当于平均每天挥舞 3 次制裁大棒。截至 2021 财年,美国已生效的制裁措施累计达 9400 多项,是名副其实的全球唯一"制裁超级大国"。

美国"长臂管辖"加剧国家间紧张关系,冲击国际秩序。《隐秘战争》一书作者阿里·拉伊迪称:"自 20 世纪 90 年代中期以来,美国将自己的惩罚性立法铺到了全世界。"从出台《赫尔姆斯—伯顿法》对世界范围内与古巴进行交易的个人和实体施加经济制裁,到抛出所谓"达马托法案"禁止外国公司对伊朗、利比亚能源产业进行投资,再到制定《以制裁反击美国敌人法》扩大对俄罗斯、朝鲜和伊朗的制裁……美国一再把自己的意志和标准强加于人,用自己的"家规"取代普遍接受的国际法则。欧盟对美国"长臂管辖"强烈不满,

多次在联合国大会、联合国安理会、世界贸易组织等国际机构提出提案和发起倡议，呼吁国际社会关注美国"长臂管辖"的危害性，甚至还启动了世界贸易组织争端解决程序。

美国"长臂管辖"破坏各类国际治理机制的宗旨和功能。美国在联合国框架之外频繁实施单边制裁措施，使安理会的制裁功能受到冲击，严重影响其维持国际和平与安全。美国罔顾其"301"措施已被世界贸易组织争端解决机构裁定为违反国际法，继续对来自中国和其他国家的进口产品发起各类单边性质的"301调查"，并维持现有的"301"关税措施，公然践踏多边贸易体制宗旨和精神，损害多边贸易体制运作基石。滥施"长臂管辖"的美国，已成为单边主义霸凌行径的实施者、多边贸易体制的破坏者、产业政策双重标准的操纵者。

美国"长臂管辖"打压商业竞争对手，损害别国企业利益。美国滥用国家公权力打压商业竞争对手、干涉正常国际商业交易，彻底背离其长期自我标榜的自由主义市场经济理念。美国将《反海外腐败法》等国内法适用域外，使多家欧洲"工业之花"遭遇"天价罚金"，欧洲工业竞争力遭受重挫。日本东芝、德国西门子、法国阿尔斯通等美国盟友的企业，都曾是美国"当代海盗"行径的围猎对象。有媒体刊文指出，美国"长臂管辖"已成为一项"真正的产业"，是美国在经济战中削弱外国竞争者的一种武器。

美国"长臂管辖"侵犯别国人民的基本人权。近年来，美国频繁利用《全球马格尼茨基人权问责法》，单边制裁其认定从事所谓"严重侵害人权行为"的各国主体，并往往在实施制裁过程中侵犯被制裁主体的基本人权。埃及贝尼苏韦夫大学政治学教授纳迪娅·希勒米指出，美国对于阿富汗、伊朗、叙利亚、也门等国家的制裁，不仅没有达到其经济胁迫的目的，在当前疫情背景下，还严重干扰了这些国家的抗疫能力。美国布鲁金斯学会分析估计，在伊朗疫情最严重时期，美国持续施加的制裁影响进一步加剧，可能导致多达1.3万人死亡。

当今世界充满不确定性和不稳定性，迫切需要各国团结应对。美国应尽早摒弃其非法单边制裁和"长臂管辖"措施，切实履行大国责任，与各国一道维护国际公平正义、推动世界和平发展。

2023 年 2 月 4 日第 6 版

自我粉饰难掩美式霸权的危害

美国假民主之名挑动意识形态对立，胁迫其他国家选边站队，滥施非法单边制裁和"长臂管辖"，干涉别国内政，践踏国际规则。美国的霸权霸道霸凌行径破坏全球团结，危害世界和平，给许多国家民众带来深重灾难

在对外政策中，美国嘴上标榜的是民主，骨子里信奉的则是霸权。美国政客日前声称，美国正在再次团结世界，迎接各种挑战，努力为世界各地带去"更多自由、尊严与和平"。但事实是，美国正在假民主之名挑动意识形态对立，胁迫其他国家选边站队，滥施非法单边制裁和"长臂管辖"，干涉别国内政，践踏国际规则。美国的霸权霸道霸凌行径破坏全球团结，危害世界和平，给许多国家民众带来深重灾难。

就在美国政客宣称给世界各地带去"更多自由、尊严与和平"的时候，遭受强烈地震影响的叙利亚人民因美国制裁无法得到及时有效救援。"人们又一次用双手在废墟中挖掘，希望能救出他们所爱的人，但往往是徒劳。"叙利亚面临严重的人道主义危机，美国国务院发言人却冷漠地说联系叙利亚政府或解除对叙制裁"将会非常讽刺"。在国际舆论的强大压力之下，美国不得不在地震发生3天后宣布暂时放宽对叙利亚部分制裁措施，但期限只有180天。不仅如此，美军至今仍然霸占着叙利亚主要产油区，搜刮掠夺八成以上的产油量，走私烧毁叙利亚粮食库存。

就在美国政客宣称给世界各地带去"更多自由、尊严与和平"的时候，阿富汗人民还在苦苦等待美国全部归还被其冻结的阿富汗央行资产。美国以武力对阿富汗进行长达20年的所谓"民主改造"，造成包括3万多平民在内的17.4万人死亡，超过千万民众沦为难民。时至今日，美军仓皇撤出阿富汗已一

年多，但阿富汗战争的负面影响仍在延续。数以百万计的阿富汗人挣扎在死亡边缘，大量阿富汗儿童因贫困失学，许多阿富汗人面临严重粮食短缺。这些事实充分暴露了美式民主、人权的虚伪性和霸权、霸凌的真面目。

在美国的外交实践中，民主不过是其推行霸权的工具而已。长期以来，美国习惯于将自己的政治制度和价值理念强加于人，以"民主改造"之名策划"颜色革命"之实，肆意干涉他国内政，企图颠覆他国政权，导致许多国家和地区深陷动荡、冲突和战争泥潭。近年来，美国政客为了维护美式霸权更加不择手段。美国前总统国家安全事务助理博尔顿曾公开承认，他曾协助策划别国政变，并厚颜无耻地称"为了美国利益最大化，这就是该做的"。玻利维亚前总统莫拉莱斯指出："这些言论表明，美国是民主和人权的最大敌人。"

随着美国霸权地位的衰落，本届美国政府竭力想组建所谓"价值观联盟"，通过编织虚假的"民主对抗威权"叙事，胁迫、拉拢一些国家选边站队。然而，即便这种拉帮结派的需要和做法，也丝毫没有改变美国打着民主的幌子维护美式霸权的内在驱动。为了谋求霸权私利，美国可以出台《通胀削减法案》牺牲欧洲制造业，可以推出不包含市场准入承诺的所谓"印太经济框架"，可以胁迫他国"脱钩断链"。为了谋求霸权私利，美国随时准备挥舞制裁大棒，干涉别国内政，践踏国际规则。截至2021财年，美国已生效的制裁措施累计达9400多项。这些事实充分说明，无论美国如何利用民主进行伪善说教，其信奉的始终是丛林法则，实践的始终是霸权主义逻辑。

美式民主的美颜滤镜早已崩溃，美式霸权的严重危害暴露无遗。美国政客应停止自我粉饰的尴尬表演，停止高人一等的民主说教，停止危害世界的霸权行径。

2023年2月13日第2版

美国霸权霸道霸凌行径严重危害世界

得道多助，失道寡助。美国恃强凌弱、巧取豪夺、零和博弈等霸权霸道霸凌行径危害深重，引发国际社会越来越强烈的批评和反对

作为世界头号强国，美国长期打着民主、自由、人权、维护"基于规则的国际秩序"的幌子，干着谋求霸权、维护霸权、滥用霸权的勾当。固守冷战思维，大搞集团政治，挑动对立对抗，强推单边制裁，粗暴干涉别国内政，大搞颠覆渗透，动辄发动战争……美国在政治军事、经济金融、科技文化等领域的斑斑劣迹，严重危害世界和平稳定和各国民生福祉。

近期，遭受强烈地震影响的叙利亚人民因美国制裁无法得到及时有效救援，再次让世界看清了美式霸权的冷酷本质。为了维护霸权，美国经常按照美国的价值观和政治制度塑造其他国家。借"推广民主"之名在拉美推行"新门罗主义"，在欧亚煽动"颜色革命"，在西亚北非策动"阿拉伯之春"……美国干涉他国内政带来混乱和灾难的例子比比皆是。近年来，美国公然炮制"民主对抗威权"虚假叙事，拼凑所谓"价值观联盟"，大搞封闭排他的小圈子，这些霸权行径制造地区分裂、煽动对抗、破坏和平。

美国军费长期居高不下，经常滥用武力，凸显其穷兵黩武的军事霸权本性。美国目前在海外有约 800 个军事基地，在 159 个国家驻扎了 17.3 万人的军队。塔夫茨大学的研究报告显示，1776 年至 2019 年，美国在全球进行了近 400 次军事干预。以反恐之名发动的战争和军事行动造成超过 90 万人死亡，在全球制造了 3700 万难民，使 1000 多万阿富汗人流离失所，让利比亚内乱不断……美国军事霸权酿成诸多人道主义灾难。

利用经济霸权进行巧取豪夺，这是美国的惯用伎俩。借助美元的主要国际储备货币地位向全世界收取"铸币税",美国可以凭借一张成本仅约 17 美分的百元美钞,让其他国家实实在在地向美国提供价值相当于 100 美元的商品和服务。新冠疫情发生后,美国向全球市场注入数万亿美元,给其他国家特别是新兴经济体造成巨大损失。美国操纵国际经济金融组织,在援助他国时施加附带条款,使受援国经济政策符合美国战略,为美国资本渗透和投机减少阻碍。美国还用经济胁迫手段打压对手,大搞单边制裁和"长臂管辖"。截至目前,美国已对世界上近 40 个国家实施过经济制裁,全球近一半人口受到影响。美国经济金融霸权已彻底沦为地缘政治武器。

美国还经常利用科技霸权搞垄断打压、技术封锁,企图遏阻其他国家科技和经济发展。借知识产权保护之名搞知识产权垄断;泛化国家安全概念,将科技问题政治化、武器化、意识形态化,动用国家力量打压和制裁他国企业;给高科技打上民主、人权的标签,为对他国实施技术封锁寻找借口;大搞网络攻击和监听窃密……美国骨子里信奉的是霸权霸道霸凌,早已将公平竞争、合作共赢抛诸脑后。正如《芯片陷阱》一书作者、法国企业家拉叙斯所指出的,美国标榜的"自由市场""充分竞争"等价值观只会让人感到他们非常虚伪。

美国外交学者威廉·布鲁姆曾将"意识形态"称为美国统治世界野心的主要驱动力。无论是"嵌入配售"美国价值观和生活方式,打造出以美式文化为主导的文化和舆论空间,还是扶植进行意识形态渗透的电台、电视网,依靠美国主导的西方媒体煽动全球舆论,美国的文化霸权黑手一直伸得很长。近年来,美国更是将虚假信息作为攻击他国的工具,形成了"黑金、黑论、黑嘴"舆论产业链条。

得道多助,失道寡助。美国恃强凌弱、巧取豪夺、零和博弈等霸权霸道霸凌行径危害深重,引发国际社会越来越强烈的批评和反对。美国应深刻检视自己的所作所为,放弃傲慢与偏见,摒弃霸权霸道霸凌。

2023 年 2 月 21 日第 17 版

民主不应是美国搞霸权霸道霸凌的工具

美国在对外政策中大打"民主牌"，一再兜售所谓"民主对抗威权"虚假叙事，试图拼凑所谓"价值观联盟"，实质是打着民主旗号党同伐异，将意识形态和价值观作为打压他国、推进地缘战略的工具，是假民主、真霸权

日前，美国总统拜登再次大谈民主，一边自吹自擂美式民主"坚不可摧"，一边信口开河诋毁他国。尽管拜登不断粉饰美式民主，但人们从现实中看到的却是另一幅景象。华盛顿的政治角力愈演愈烈，困扰美国的治理难题迟迟无解，民主失序、治理失灵已成为今日美国的突出国情。美国根本没有任何资格以"国际民主判官"自居。

美式民主病态百出，美国社会痛感明显。《华尔街日报》日前刊文指出，多数美国人对拜登的"自夸"并不买账，社会共识日益离散，让人们对国家感到担忧。美联社—NORC 公共事务研究中心发布最新民意调查指出，只有 1/4 的美国成年人认为国家正在朝着正确的方向前进。盖洛普咨询公司早前的一项民调也显示，超过一半美国人认为，美国两党在代表人民方面都做得很差。

看看近来美国媒体的新闻头条，就不难理解为何美式民主遭遇信任危机。加利福尼亚州连续发生枪击案，民众愤怒质问"为何惨剧不断重演"；田纳西州非洲裔男子遭警察殴打身亡，暴力执法和种族歧视痼疾难除；两党围绕"债务上限"问题继续扯皮，美国国家信用和全球经济稳定被美国党派纷争裹挟……面对困扰美国已久的种种病症，美式民主不但拿不出解药，反而加剧了解决问题的难度。美式民主只重表演、不求实效，必然失信于民。

美国政客不仅不反思美式民主存在的问题，还将民主作为工具，在全世界搞霸权霸道霸凌。美国发动长达 20 年的阿富汗战争，强行输出美式民主，导

致阿富汗生灵涂炭。美国打烂了一个国家，毁掉了一代人的前途，在移植美式民主失败后将美军仓皇撤离，甚至还巧取豪夺，非法冻结阿富汗央行资产。美国打着民主的幌子插手叙利亚事务，结果同样是制造灾难。今天，当叙利亚人民因强震而面临严重人道主义危机时，美国却继续搜刮掠夺叙利亚石油，暴露出十足的霸道与冷漠。事实充分说明，美国到处搞民主输出，完全是危害他国的大规模杀伤性武器。美国哥伦比亚大学教授杰弗里·萨克斯痛斥美式民主的虚伪，强调"自1950年以来，全世界最残暴的国家一直都是美国"。

拜登政府上台以来，在对外政策中大打"民主牌"，一再兜售所谓"民主对抗威权"虚假叙事，试图拼凑所谓"价值观联盟"，实质是打着民主旗号党同伐异，将意识形态和价值观作为打压他国、推进地缘战略的工具，是假民主、真霸权。美国试图用一己标准垄断民主定义，这本身就是最大的不民主。假民主之名行反民主之实，公然挑动分裂和对抗，严重损害国际秩序稳定，只会给世界带来动荡。美国国家利益中心研究员保罗·海尔警告，拜登政府把美中关系概括为所谓"民主对抗威权"，制造"过度对抗的风险"。今天的世界早已不是过去的世界。美国企图复制冷战剧本，是对国际格局和时代潮流的严重误判。

民主是全人类共同价值，不应是装点门面的花瓶，更不应成为维护霸权的工具。国际社会对美式民主的虚伪性及其作为美式霸权工具的危害性早有清醒认识。美国执迷于以民主之名挑起对抗、分裂世界、打压他国，注定只会失败。

奉劝美国及拜登总统，正视并处理好自身存在的种种问题，让美国人民相信自己的国家走在正确的道路上，而不是对别国内政指手画脚、说三道四。

2023年2月11日第3版

美式民主所谓"强大"只是幻象

美国政客与其沉迷于自欺欺人，将民主政治化、工具化、武器化，到处干涉别国内政，不如早日正视自身制度的结构性缺陷，做些有利于美国人民和世界人民的事

长期以来，美国总是自诩为"民主灯塔"。即使是面对愈演愈烈的金钱政治、政治极化、社会撕裂、贫富分化、种族歧视、枪支暴力等问题，美国政客也能睁着眼睛说瞎话，宣称"民主国家已经变得更强大，而不是更弱"。显然，在美式民主已尽显病态与颓势的当下，美国政客仍在做着"山巅之城"的迷梦。

美式民主是建立在资本基础上的"富人游戏"，金钱是美国政治的"硬通货"。美国历史学家查尔斯·比尔德曾隐晦地表示，美国宪法其实是一部"经济文献"。事实上，美式民主仅代表并服务于少数资本家的利益。金钱政治贯穿美国选举、立法、施政的所有环节，经济地位的不平等转化为政治地位的不平等，在无形中压迫并限制着公民的参政权利。在金钱政治的推动下，美国选举经费屡创新高。2020 年美国大选作为"史上最烧钱的大选"，耗费高达 140 亿美元。据统计，91% 的美国国会选举都是由获得最多资金支持的候选人赢得。他们成功当选后，往往为其背后的金主服务，化身为既得利益的代言人。美国知名学者诺姆·乔姆斯基直言，美国人对政策制定的影响力与他们的财富水平之间呈正相关性。

美式民主标榜权力制衡，却日益陷入党派纷争的旋涡。美国斯坦福大学教授弗朗西斯·福山认为，美国存在根深蒂固的政治瘫痪现象。随着政治极化加剧，美国两党共识不断压缩，深陷否决对方、制造政治僵局的恶性循环。近年来，在抗击新冠疫情、控制枪支暴力、提高债务上限等一系列问题上，"否决

政治"闹剧在美国轮番上演。美国两党都把否决对方作为武器，其结果必然是治理效能弱化、公正法治遭践踏、社会分裂继续扩大，普通民众沦为受害者。美国前参议员汤姆·达施勒指出："美国一直在糟蹋和消耗我们宝贵的民主，而现在民主正处于自杀的边缘。"

美式民主失序引发的乱象不断上演，让人们对其信心持续下降。国会山骚乱的枪声与闹剧，彻底揭开了美式民主的虚假外衣；系统性种族歧视导致少数族裔"无法呼吸"，种族正义仍遥遥无期；枪支暴力频发，民众越来越没有安全感；经济发展红利分配不均，普通民众收入长期停滞，"富者愈富，贫者愈贫"现象越来越突出……美国皮尤研究中心的调查显示，57%的国际受访者和72%的美国人认为美国已不是可供他国效仿的"民主典范"。瑞典智库"国际民主及选举协助研究所"2021年首次将美国列入"退步的民主国家名单"。美式民主弊病丛生，离民众所希望的高质量治理越来越远。但时至今日，美国似乎一点也没有表现出自我纠偏的愿望和能力。欧亚集团总裁伊恩·布雷默犀利指出，美国曾将美式民主称为"山巅之上的耀眼之城"，如今城池却在从内部被攻破。

事实越来越证明，美国从来不是民主的优等生，更遑论"民主典范"了。乱象丛生的美式民主并不会在美国政客的空洞口号中变得强大起来。美国政客与其沉迷于自欺欺人，将民主政治化、工具化、武器化，到处干涉别国内政，不如早日正视自身制度的结构性缺陷，做些有利于美国人民和世界人民的事。

2023年2月12日第2版

制造并散布谎言，加速美国信誉破产

制造并散布谎言不但换不来真正的影响力，而且会加速美国自身信誉的破产。美方应停止以谎言蛊惑世人，停止污蔑抹黑他国

美国调查记者不久前曝光了一批推特内部文件，揭露了美国政府多个机构操纵社交媒体、进行欺骗性宣传的做法。事实上，美国政府长期散布虚假信息、编织谣言暗网，以达到操纵舆论、妖魔化他国、维护美式霸权的目的，已经沦为彻头彻尾的"谎言制造机"。

冷战时期，美国发起"知更鸟计划"，收买了全球至少 400 名记者和 25 个大型组织，炮制虚假信息，影响大众舆论。进入新世纪，从把一管洗衣粉指认为伊拉克研制大规模杀伤性武器的证据，到精心炮制"白头盔视频"栽赃陷害叙利亚政府，再到在新冠病毒溯源问题上大搞"有罪推定"……美国捏造、散布的谎言屡见不鲜。美国前国务卿蓬佩奥就毫不避讳地承认："我们撒谎、我们欺骗、我们偷窃……这才是美国不断探索进取的荣耀。"

近年来，为了维护霸权，美国频频对外发动"舆论战""认知战"，把虚假信息作为遏制打压他国的工具。从在全球各地策划"颜色革命"，到以国家安全为借口遏制打压他国企业，再到编织"种族灭绝""强迫劳动"等涉疆"世纪谎言"，美国一次又一次企图靠炮制谎言，把颠覆渗透粉饰成"推进民主"，把强取豪夺美化为"维护公平"，把践踏生命包装成"保护人权"，尽显霸权霸道霸凌的面目。美国美利坚大学荣誉退休教授戈登·亚当斯的评论一语中的："隐瞒、欺骗和明目张胆的谎言，这是数十年来美国国家安全政策的标志。"

在网络空间毫无底线地利用虚假信息构陷他国，已成为美国"新冷战的武器"。澳大利亚研究所下属"责任技术中心"发布的一项报告显示，2020 年，推特上有 5752 个账号在短时间内疯狂转发有关"新冠病毒"的谣言，其中很多是被远程控制的"机器人"账号，这些账户都与美国有关。为了传播虚假信息，美国还专门制定了"隐秘影响行动"等战略来建立造谣网络。美国斯坦福大学网络观察室和社交网络分析公司格拉菲卡共同发布题为《听不到的声音——五年来亲西方的隐蔽影响力行动评估》的研究报告披露，"隐秘影响行动"使用的账号经常冒充新闻媒体或者使用虚假身份，"协调一致"反复传播可信度低的新闻材料，以俄语、阿拉伯语和乌尔都语等至少 7 种语言有针对性地对有关国家进行诋毁和攻击。

美国到处制造并散布谎言，使包括美国民众在内的各国人民对美国的信任度持续下降。近期，由盖洛普和奈特基金会发布的调查结果显示，50% 的美国人认为大多数全国性新闻机构有意误导、误传或说服公众。2020 年，由《美国新闻与世界报道》和宾夕法尼亚大学沃顿商学院等机构共同进行的调查显示，世界对美国的信任度与 2016 年相比下降了 50%，降幅居世界首位。美国参议员兰德·保罗去年曾在一场听证会上直言："你知道谁是世界上最大的虚假信息传播者吗？是美国政府。"

制造并散布谎言不但换不来真正的影响力，而且会加速美国自身信誉的破产。美方应停止以谎言蛊惑世人，停止污蔑抹黑他国。

2023 年 2 月 28 日第 3 版

将民主工具化是对民主的亵渎

美国已深陷民主失真、政治失能、社会失和的恶性循环。当今世界需要弘扬真民主、摒弃伪民主，支持各国发展适合本国国情的民主，共同推进国际关系民主化

据报道，美国政府正在张罗举办第二届"领导人民主峰会"。美国无视自身民主存在的种种问题和制度危机，却企图在国际上垄断民主定义，编造和兜售"民主对抗威权"的虚假叙事，动辄对其他国家说三道四、指手画脚。美国这种假民主之名行反民主之实的行径，掩盖不住其将民主政治化、工具化，推行集团政治、维护美国霸权的真实意图。

美国为自身塑造的所谓民主神话早已破灭。美国政治极化继续发酵，政治生态不断恶化，第 118 届国会众议长难产闹剧连演 4 天，最终历经 15 轮投票才勉强选出。美国最高法院也未能逃脱党争撕扯，取消对女性堕胎权宪法保护的判决，折射出保守派和自由派"两个美国"之间的巨大分歧。在政治献金问题上，美国出现了严重的"通货膨胀"。有关统计显示，2022 年美国中期选举两党耗资超过 167 亿美元，创下历史新高，超过全球 70 多个国家 2021 年全年的国内生产总值。美国的言论自由徒有其名，只要是不利于美国政府和资本利益的言论，都会受到严格限制。美式民主的运行成本越来越高，治理效能却不断走低。美国历届国会成法数量呈递减趋势，从 93 至 98 届国会的 4247 项下降至 111 至 116 届国会的 2081 项。这些都说明，美国已深陷民主失真、政治失能、社会失和的恶性循环。

美国民主弊病深入政治和社会肌理的方方面面。然而，美国政客不仅拿不出革除陈年积弊的勇气和办法，反而继续搞妄自尊大那一套，固执地认为美国

民主是全球样板，这只会让美式民主弊病更加积重难返。美国昆尼皮亚克大学民调显示，67% 受访者认为美国民主制度有崩溃危机。布鲁金斯学会 2022 年发布报告指出，曾经引以为荣的美国民主制度面临系统性危机，正加速走向衰败。

美国打着民主的幌子搞霸权霸道霸凌，本身就是反民主的。本届美国政府固守冷战思维，挑动意识形态对立，拼凑"三边安全伙伴关系""四边机制""五眼联盟"等所谓价值观同盟，极力编造和兜售"民主对抗威权"的虚假叙事，都是为了服务其地缘战略目标。2021 年，美国举办首届"领导人民主峰会"，公然以意识形态划线，人为将国际社会分成所谓"民主和不民主阵营"，招致国际社会广泛批评，最终惨淡收场。美国政府对国际社会的批评置若罔闻，执意举办第二届"领导人民主峰会"，是其对外政策被对抗性和冷战思维主导的必然反应。卡塔尔半岛电视台指出，在人们对美国民主制度的信任出现倒退之际，美国仍坚持举办民主峰会、充当全球民主领袖，引起普遍质疑。

美国对外输出美式民主和价值观的冲动高烧不退，甚至走火入魔，给世界带来的是动荡和混乱。美国打着民主的幌子维护美式霸权，彻底暴露美国奉行的是假民主、真霸权。不久前在华盛顿参加反战示威游行的美国前众议员丹尼斯·库西尼奇在演讲中指出，美国政府既没有能力弥合国家的分歧，也没有意愿利用外交手段和平结束冲突，它最大的才能在于制造虚假信息，在美国人民中煽动恐惧，并通过欺骗、"假旗行动"和挑衅在国外挑起仇恨，这些都是对民主的亵渎。

民主是全人类共同价值，不应被用作推进地缘战略的工具。当今世界需要弘扬真民主、摒弃伪民主，支持各国发展适合本国国情的民主，共同推进国际关系民主化。美国应尽早认识到，弊病缠身却好为人师没有说服力，打着民主幌子损人利己、搞乱世界，必然受到国际社会强烈反对。

2023 年 3 月 21 日第 17 版

伊拉克战争充分暴露美式霸权真面目

国际社会应当时刻保持警惕，以更加坚决有力的行动向霸权主义说不，不应再允许凭借谎言谣言肆意侵犯别国主权的行径发生，不应再容许凭借霸权霸道霸凌剥夺别国发展权利的事情发生

"20年过去了，伊拉克乃至整个地区仍在为这场战争付出代价""入侵伊拉克是一场灾难性失败""伊拉克人民等待一场历史清算"……近日，国际舆论纷纷聚焦伊拉克战争。2003年3月20日，美国及其西方盟友不顾国际社会强烈反对，绕过联合国安理会，悍然入侵伊拉克。如今，当人们回望这场战争，看到被战争蹂躏的伊拉克局势动荡不安、经济重建步履维艰，更能认清美国作为这场战争始作俑者的霸权霸道霸凌本性。

美国当年以一小瓶"白色粉末"为证据，指责伊拉克拥有大规模杀伤性武器，事实证明是彻头彻尾的谎言。2016年7月，英国官方在经过7年的调查后发布报告指出，作出伊拉克战争的决策是基于"有瑕疵"的情报和评估。美国入侵伊拉克的目的，是以武力颠覆萨达姆政权。美国中央情报局伊拉克行动组负责人路易斯·鲁埃达说，对美国来说，相较于推翻萨达姆政权，大规模杀伤性武器问题是次要的，"如果萨达姆有一根橡皮筋和一个回形针，我们都会入侵伊拉克"。以莫须有罪名肆意发动战争，这是典型的霸权霸道霸凌行径。埃及金字塔政治与战略研究中心专家萨菲纳兹·艾哈迈德指出："美国欺骗世界，让舆论相信其发动战争的合法性，多年后被证明是一场'世纪谎言'。"然而，美国并没有从伊拉克战争中吸取教训，至今仍在不断炮制并散布谎言，污蔑抹黑他国。为了维护霸权，美国无所不用其极，日益成为世界和平稳定的破坏者。

美国穷兵黩武,给伊拉克留下的是千疮百孔的烂摊子。今年 3 月 20 日,沙特阿拉伯《中东报》刊登了一幅题为"伊拉克战争已过去 20 年"的漫画。漫画中,一个中东人头破血流,步履踉跄,从"2003"标牌处一路走到"2023"标牌处。这幅漫画深刻揭露了美国入侵给伊拉克乃至整个地区带来的深重灾难。根据全球统计数据库的资料,2003 年至 2021 年,约有 20.9 万伊拉克平民死于战争和暴力冲突之中,约有 920 万伊拉克民众沦为难民或被迫离开故土。美军的非法入侵还留下了约 2500 万枚地雷和其他爆炸遗留物,给伊拉克人的生命和财产安全造成巨大危害。美国著名语言学家和社会活动家诺姆·乔姆斯基指出,美国发动的伊拉克战争是"教科书级的反人类罪"。伊拉克战争的灾难性后果告诉世人,信奉丛林法则的美国无视他国主权、漠视他国人权,严重危害世界。国际社会必须坚决反对美国霸权,坚决反对美国霸凌行径。

　　20 年前,美国政府提出要对中东地区进行"民主改造",并声称要在伊拉克"促进民主",但如今人们看到的是美国强推民主给伊拉克造成的无尽伤害。西班牙《日报》网站近日报道说:"巴格达随处可见的伤痕来自这 20 年的不幸:美国的入侵和占领、叛乱、内战、'伊斯兰国'组织的出现以及与之的斗争。"美国无视他国人民意愿强推美式民主,实际上是为了维护自身霸权。埃及"金字塔在线"刊文指出,所谓"自由民主"的意识形态已被武器化,被美国用来破坏他国的稳定,干涉他国内政,对他国政府进行去合法化,而这些干涉往往产生严重负面影响,都与美国宣称要推进的民主和自由无关。当前,美国不顾本国治理失灵的现实,到处兜售"民主对抗威权"虚假叙事,实质是打着民主的幌子挑动对立对抗,企图继续破坏世界和平稳定。

　　伊拉克战争完全是美方为实现自身地缘政治图谋而挑起的,充分暴露了美国霸权霸道霸凌的真实面目和巨大危害。伊拉克战争的教训极其深刻,美方必须进行深刻反思。国际社会应当时刻保持警惕,以更加坚决有力的行动向霸权主义说不,不应再允许凭借谎言谣言肆意侵犯别国主权的行径发生,不应再容许凭借霸权霸道霸凌剥夺别国发展权利的事情发生。

2023 年 3 月 24 日第 15 版

警惕穷兵黩武的美国

日益增长的巨额军费，反映的是美国对早已过时的冷战思维的执迷，对求和平、促发展的历史潮流的悖逆

美国政府日前公布 2024 财年预算计划，其中国防预算总额高达 8420 亿美元，同比增长 8.9%，这是美国军费连续多年创下历史新高。据预测，美国国会最终批准的军费总额有可能突破 9000 亿美元，堪称"天量"，引发国际社会普遍担忧。

美国多年来一直是全球军费开支最高的国家。瑞典斯德哥尔摩国际和平研究所的分析显示，美国军费约占全球各国军费总支出的 40%。《2022 年斯德哥尔摩国际和平研究所年鉴》指出，美国目前的武器政策和做法往往助长战争。在目前全球的冲突中，大约有 2/3 的冲突，即 46 个冲突中的 34 个涉及一个或多个由美国武装的当事方。

冷战结束后，美国为实现其地缘政治私利，凭借高额军费支撑的强大军力频频挑起冲突，在伊拉克、阿富汗、利比亚、叙利亚等国发动一系列战争。乌克兰危机全面升级一年多以来，大量美军现役和库存武器弹药被投入战场，推高冲突烈度，造成巨大人员伤亡。美国不但没有收手迹象，反而不断拱火浇油。据悉，美国国防部向几大军火商发出多项用于乌克兰战场的弹药采购需求，这些弹药生产周期长达数年。美方如此处心积虑，到底还想让危机延宕多久？

近年来，美国热衷于炒作大国对抗与竞争，大搞军备扩张，以维护自身霸权。2024 财年美国军费包括斥资 377 亿美元用于新型洲际弹道导弹、战略轰炸机等"三位一体"核力量更新换代，1700 亿美元用于武器装备采购，1450 亿美元用于重点发展高超音速导弹等远程打击系统，还为所谓"太平洋威慑计

划"注资 91 亿美元，增幅达 50%。"美国仍被虚假的'霸权梦'所困。"美国《外交》双月刊网站近日刊登波士顿大学国际关系与历史学荣誉教授安德鲁·巴切维奇的文章指出，美国外交政策机构坚持认为世界需要更多美国军事力量，伊拉克战争和阿富汗战争的惨败也没能阻止美国继续在军事行动上下赌注。

当前，美国政府财政状况堪忧，日子并不好过。2022 年美国政府债务已突破 31 万亿美元，远高于其国内生产总值，可以说是债台高筑。美媒近日公布的民调结果显示，69% 的美国民众认为美国正处于经济衰退之中，55% 的民众表示他们会在经济衰退中失去一切。尽管如此，五角大楼仍开出如此高的军费预算，强迫美国纳税人埋单，把巨额利润装入军工复合体的腰包。有钱大搞军火、无钱改善民生，这就是畸形的美式民主现状。

日益增长的巨额军费，反映的是美国对早已过时的冷战思维的执迷，对求和平、促发展的历史潮流的悖逆。国际社会必须对大搞军备扩张的美国保持高度警惕。美国如不认真检视自己的所作所为，继续在穷兵黩武的老路上狂飙，必将受到国际社会一切爱好和平力量的坚决反对。

2023 年 3 月 31 日第 3 版

美方应全面澄清其全球生物军事活动

美方应本着负责任的态度，认真履行国际义务，对几十年来在全球范围内开展的生物军事活动作出全面澄清。奉劝美方不要再当反对建立《禁止生物武器公约》核查机制的"钉子户"

近来，美国一些政客又搞起了政治溯源。他们抛出有关新冠疫情的所谓"机密报告"，炮制所谓"2023年新冠病毒起源法案"，翻炒"实验室泄漏论"冷饭。这些罔顾科学和事实的政治操弄不得人心。国际社会更关心的是，随着美国在生物安全领域的斑斑劣迹不断曝光，美国这个"生物军事帝国"将如何回应各方关切。

俄罗斯方面4月11日表示，经过对2000多份各类文件的分析，"证实美方在乌克兰境内开展生物军事活动"。面对俄罗斯的指控和国际社会的质疑，美方在继续自我标榜为"遵约模范"，抛出一些避实就虚的材料，企图自证清白的同时，给俄罗斯扣上散布虚假信息和阴谋论的帽子。美方做法无法令人信服。

众所周知，美国是全球生物军事活动最多的国家，也是唯一反对建立《禁止生物武器公约》核查机制的国家。几十年来，美国从国外搜刮了多少生物样本和数据？美国国内谁在保管这些样本和数据，用途是什么，真正的目的是什么？美国有没有在境外开展其国内禁止的争议性研究？对这些国际社会关心的问题，美方讳莫如深。根据俄罗斯不久前披露的消息，美国正试图对其生物军事活动进行重组，把项目名称改得看起来"无害"一些，再安排民事部门"接盘"，让军方藏到幕后。国际社会不禁要问，美国如此"洗白"就算履行了国际义务吗？

美国一向对国际规则合则用、不合则弃，总是严以律人、宽以待己。除了发布所谓"新冠病毒溯源调查报告"，美国还常年炮制所谓《军控遵约报告》对他国指指点点，动辄要求别国接受核查，借机挥动单边制裁大棒甚至动武。对于自己遵约上存在的问题，美国却摆出一副高高在上的架势，要求其他国家不许问、不许管。美国不顾"以核查确保遵约"的国际共识，拿"核查损害安全和经济利益""生物活动不可核查"为借口，20多年来独家阻挠建立生物领域核查机制，企图从根本上关闭解决遵约问题的大门。甚至连谈判"打击生化恐怖主义行为国际公约"这样明显符合全人类共同利益的倡议，美方也极力阻挠。国际社会不会接受美国这种双重标准和霸权行径，更不会坐视美国在事关国际和平与安全的问题上置身法外。

美方应本着负责任的态度，认真履行国际义务，对几十年来在全球范围内开展的生物军事活动作出全面澄清。奉劝美方不要再当反对建立《禁止生物武器公约》核查机制的"钉子户"，停止阻挠国际社会加强生物安全治理体系和法律体系的努力，为提升全球生物安全水平、促进普遍安全和共同发展做点实实在在的事情。

2023 年 4 月 16 日第 2 版

在维护网络安全问题上，美国是彻底的伪君子

一次次窃听丑闻告诉世人，美国是网络战的始作俑者、先进网络武器的最大扩散方、全球最大的网络窃密者；美国眼中根本没有真正的盟友，只有自己的霸权私利；在维护全球网络安全问题上，美国是彻底的伪君子

近期，一批美军秘密文件出现在社交媒体上，暴露了美国对联合国秘书长以及对韩国、以色列、乌克兰等国家的窃听行径。此次泄密事件再次印证，美国是世界上最大的"黑客帝国"，一直在无孔不入、无处不在地监听世界各国人民，美方所谓"清洁网络"和"符合民主价值观和利益的技术"的说法极其虚伪。

这批泄密文件多达 100 页，几乎涉及美国情报机构的方方面面。美国媒体评论说，这些文件"为了解美国情报机构内部运作罕见地打开了窗口，揭开了美国中央情报局是如何招募特工，或者通过技术手段监听他国领导人的闭门谈话"。这些泄密文件说明，美国仍在凭借自身技术优势肆意对他国进行窃听、发动网络攻击等。这严重损害别国主权和全球互联网用户隐私，严重违反国际法和国际关系基本准则。

一次次窃听丑闻告诉世人，美国是网络战的始作俑者、先进网络武器的最大扩散方、全球最大的网络窃密者。一战后的"黑箱计划"、二战后的"三叶草行动"、冷战期间的"梯队系统"都是美国监控全球的铁证。近年来，美国的监听行径更是肆无忌惮。美国防务承包商前雇员斯诺登 2013 年公开的机密文件显示，美国国家安全局监控 35 个外国领导人的电话，并在全球范围内追踪、窃取手机活动信息，每天收集的记录高达 50 亿条；丹麦广播公司 2021 年爆料，美国通过丹麦情报部门监听德国、法国、挪威等欧洲盟国领导人。"维

基揭秘""棱镜门""脏盒""怒角计划""电幕行动""瑞士加密机事件"等揭露，美国长期在全球搞无差别窃听监控，毫无底线。正如"维基揭秘"网站创始人阿桑奇所指出的，不要期待这个"监听超级大国"会做出有尊严和让人尊重的行为，"规则只有一个，那就是没有规则"。

一次次窃听丑闻告诉世人，美国眼中根本没有真正的盟友，只有自己的霸权私利。美国中央情报局前官员吉拉尔迪曾表示："大家不应该对美国监听其盟友感到惊讶，当年我在欧洲为美国中央情报局工作时，我们监听德国人、监听意大利人、监听西班牙人、监听英国人，监听所有人。"美方声称此次机密文件泄露"没有破坏我们与合作伙伴为增进全球共同目标的信任和信心"，但国际社会看得明白，美方是在极力掩饰自己的心虚，盟友心里也清楚，美国根本靠不住。美国商业内幕网站讽刺："美国情报机构既监视朋友又监视敌人不是什么秘密。"日本《读卖新闻》指出："此次泄密事件令美国政府威信扫地，对其推进的同盟关系也造成巨大打击。"

一次次窃听丑闻告诉世人，在维护全球网络安全问题上，美国是彻底的伪君子。近期，中国网络安全产业联盟发布报告，系统披露近年来美国从事网络攻击的典型案例及其消极影响，让世人更好看清美国危害全球网络安全的本质。2017年发生的全球传播范围最广、损失影响最大的勒索软件 WannaCry来源于美国国家安全局泄露的网络武器，但具有讽刺意味的是，美国2021年装模作样地组织几十个国家发起所谓"打击勒索软件倡议"；美国要求微软、雅虎、谷歌、苹果等在内的9家国际网络巨头配合美国政府秘密监听，却在没有任何证据的情况下，以所谓数据安全为由无理打压中国企业，还胁迫遭受美国窃密之害的盟友加入其行列中；美国政府还实施"拱形计划"，入侵、分化、打压各国网络安全厂商，使其屈服于美国的淫威……事实一再证明，声称要打造"清洁网络"的美国一点也不清白，声称要推广"符合民主价值观和利益的技术"的美国毫无道德底线可言。美国想要的，只是可以让其肆意窃密、随意攻击别国、确保美国霸权地位的网络和技术。

维护网络安全是国际社会的共同责任。美国自诩是所谓自由、民主的"捍卫者"，却利用先进技术构建"黑客帝国"；美国标榜维护信息安全，却在全球布下"信息安全陷阱"。美方应当立即停止这些霸权霸道霸凌行径，并给国际社会一个交代。

2023 年 4 月 29 日第 3 版

美方应立即停止在叙利亚制造
人道主义灾难

美国见不得阿拉伯国家加强团结自强，不但宣称反对叙利亚重返阿盟，还宣布将对叙利亚的单边制裁措施再延长一年，是其长期在中东借挑动分裂对抗从中渔利的霸权本性使然，是其罔顾人权的虚伪"双标"的又一次大暴露

近日，两条关于叙利亚的消息让国际社会喜忧参半。阿盟外长级特别会议日前同意叙利亚重返阿盟，世界上许多国家纷纷对此表示欢迎和支持。然而，美国第二天不仅宣称叙利亚"不应被重新接纳"，还宣布自5月11日起将对叙利亚的单边制裁措施再延长一年。美国见不得阿拉伯国家加强团结自强，公然与国际社会唱反调，是其长期在中东借挑动分裂对抗从中渔利的霸权本性使然，是其罔顾人权的虚伪"双标"的又一次大暴露。

叙利亚时隔12年重返阿盟大家庭，这是阿拉伯国家加强团结自强的重要举措。国际社会认为，这是继沙伊北京对话后，中东和解进程的又一里程碑事件，有利于促进中东地区和平稳定，有利于阿拉伯世界加快发展振兴，符合阿拉伯国家长远利益。但这个让叙利亚人民和中东国家人民"感到振奋"的好消息，却让美方大为不快。美国一些政客放言，让叙利亚重返阿盟"是一个严重的战略错误"，并称美国不会推进与叙利亚关系的正常化，也不希望美国的盟友这么做。这是美方此前对沙伊关系转圜表达"失望"后，再次试图公然阻碍中东地区出现的"和解潮"。美方言行违逆历史潮流。中东国家有独立自主谋和平、谋发展的强烈意愿，也有这样的能力。正如美国资深媒体人法里德·扎卡利亚所指出的，美国沉浸在冷战时期的"外交功绩"中不可自拔，没有意识到世界的变化。

叙利亚危机延宕12年，造成严重的人道主义危机，美国难辞其咎。根据联合国公布的数据，叙利亚危机已造成至少35万人失去生命，1200多万人流离失所，1400万平民急需人道主义援助。世界粮食计划署的数据显示，叙九成人口生活在贫困线以下，2/3人口依赖人道主义援助维持生计，超过1200万人处于"粮食无法保障"状态。美国军事介入叙危机，至今还霸占着叙利亚主要产油区，搜刮掠夺八成以上的产油量，走私烧毁叙利亚粮食库存，令叙利亚经济民生状况雪上加霜。叙利亚国际政治问题专家穆罕默德·奥马里认为，美国直接发起军事行动干预叙利亚局势，长期掠夺叙利亚的石油及粮食资源，并通过层层加码的制裁令叙利亚陷入长期困境，"对叙利亚乱局负有不可推卸的责任"。

美国长期对叙利亚实施非法单边制裁，加剧叙人道主义灾难。联合国单边强制措施对人权负面影响问题特别报告员阿莱娜·杜晗指出，对叙利亚实施的单方面胁迫措施对人权和人道主义的普遍影响"令人震惊"。今年2月，叙利亚西北部地区发生强震，造成大量人员伤亡。在国际舆论的压力下，美国在已过72小时黄金救援期后才临时松动对叙部分制裁，美方非法单边制裁极大削弱了叙应对灾害的能力，导致叙严重缺乏重型设备和搜救工具，民众只能徒手在废墟中挖掘，无辜平民因救援不足失去宝贵生命。叙利亚外长梅克达德痛斥，美国的制裁"阻碍了叙利亚的一切"。如今，在叙利亚重返阿盟、阿拉伯国家同意"帮助叙利亚摆脱危机"的情况下，美方执意延长对叙非法单边制裁，充分表明美方并不准备从叙利亚移开其霸权之手，充分证明美方所谓在国际上维护人权的说法有多么虚伪，充分暴露美方将自身霸权置于别国主权、人权之上。

叙利亚的未来必须掌握在叙利亚人民手中。美方应放下地缘政治算计和维护霸权的私利，立即解除对叙利亚的所有非法单边制裁，立即结束在叙非法驻军和掠夺行径，停止人为制造人道主义灾难，切实遵守联合国宪章宗旨原则和国际法准则，切实尊重别国主权独立和领土完整，还叙利亚人民以真正的人权、财富、自由和尊严。

2023年5月12日第15版

世界迫切需要去除霸权主义带来的巨大风险

美国肆意发动战争、构筑美元霸权、制造阵营对抗才是世界真正的风险。如果个别国家以"去风险"之名行去中国化之实，那就是在去机遇、去合作、去稳定、去发展

一段时间以来，西方一些政客开始鼓噪所谓对华"去风险"。这种所谓"去风险"的说法，本质上是要继续构筑"小院高墙"，鼓动"脱钩断链"。日前举行的七国集团广岛峰会在联合声明涉华部分称"我们认识到保持经济韧性需要去风险和多元化"，再次暴露其遏制打压中国的企图。七国集团所谓的"去风险"，只会给全球产业链供应链稳定带来风险，给世界经济复苏制造障碍。

从"脱钩论"到"去风险"，七国集团虽然改变了话术，但包藏的祸心却没有变。广岛峰会联合声明假惺惺地说，"我们的政策不是为了伤害中国，也不是为了阻碍中国的经济进步和发展""我们不是在脱钩或向内转"，但联合声明字里行间充满对中国的无端指责和抹黑，试图把中国描述成世界的风险和威胁。人们看得十分清楚，七国集团是在用"去风险"替代越来越不受欢迎且不现实的"脱钩论"。所谓"去风险"完全是个别国家反华遏华的新幌子，这种话术渗透出冷战和零和博弈的阴风。

经济全球化是不可阻挡的历史潮流，科学合理的国际分工体系有助于各国发挥自身优势，提高效率。中国经济已经与世界经济深度融合。近年来，个别国家强推对华"脱钩断链"，已被证明是行不通的。2022 年中美贸易额达到近7600 亿美元，远高于 2017 年的 5837 亿美元。美国无法实现对华"脱钩"的企图，却鼓动和授意个别国家打出"去风险"的幌子，是其拉拢盟友继续对中国施压的新诡计，将给其盟友制造新风险。德国《明镜》周刊指出，"去风险"是西方粉饰其分歧的一个"魔法词汇"，与中国打交道，"去风险"会适得其反。

谈论"去风险"，首先要弄明白风险是什么，源头在哪里。多年来，美国肆意发动战争、构筑美元霸权、制造阵营对抗才是世界真正的风险。美国是经济胁迫的始作俑者，是破坏自由贸易和产业链供应链稳定的罪魁祸首。上世纪80年代以来，美国多次对日本发起经济制裁，不择手段打压日本优势产业，堪称教科书级别的经济胁迫。美国在建国240多年历史中只有10多年没有打仗；世界贸易组织2/3的违规由美国引起；美国《通胀削减法案》以"掏空"欧洲的方式"保护"甚至壮大美国制造业；美国寅吃卯粮的财政政策和激进多变的货币政策严重破坏全球金融稳定……事实无可辩驳地证明，美国才是世界最大的风险源头。

如果个别国家以"去风险"之名行去中国化之实，那就是在去机遇、去合作、去稳定、去发展。中国坚持走和平发展道路，坚定奉行互利共赢的开放战略。过去10年，中国对世界经济增长平均贡献率超过七国集团国家总和。中国经济运行保持恢复向好态势，将给世界带来更多机遇。联合国发布《2023年世界经济形势与展望》年中更新报告，将中国2023年的经济增长预测从此前的4.8%上调至5.3%。世界银行、国际货币基金组织等也纷纷调高今年中国经济增长预期，表明对中国经济发展前景的信心。近期中国贸促会一项调查显示，92.4%的受访外资企业表示中国在其全球投资决策中的地位没有下降。事实证明，中国给世界带来的是机遇不是挑战，是稳定不是动荡，是保险不是风险。

世界脱不了钩，个别国家不应以中国为目标"去风险"。世界需要的是去意识形态化、去阵营化、去"小圈子"化，彻底去除遏制打压他国的风险。七国集团应顺应开放包容的时代大势，践行真正的多边主义，做对世界经济复苏与和平发展有益的事，这样才能切实防范单边主义、霸权主义带来的巨大风险，才能赢得国际社会的基本尊重。

2023年6月1日第3版

美洲不应再有"门罗主义"

美方应认清时代大势，切实尊重拉美国家主权与人民权利，切实遵守国际关系基本准则，只有这样才可能与拉美国家建立正常关系

近期，美国政府应智利要求解密了两份文件，这两份文件及此前美方公布的解密文件均无可辩驳地证明，美国是 50 年前智利政变的幕后黑手。这再次表明，美国长期以来视拉美为"后院"，以"美洲之名"行"霸权之实"，肆意对拉美国家进行军事干预和经济掠夺，给拉美国家人民造成了沉重灾难。

美国新近解密的两份文件是美国中央情报局编写的总统每日简报。文件显示，美国政府不仅事先掌握 1973 年 9 月智利陆军司令皮诺切特发动军事政变的信息，还向军事政变提供支持。美国国家安全档案馆此前解密的文件也显示，美国认定时任智利总统阿连德是一个威胁，通过外交、政治、经济等手段阻挠其执政，还通过造谣抹黑、秘密暗杀、策动政变等谋划推翻阿连德政权。

50 年过去了，政变给智利社会留下的伤疤仍未愈合。智利总统博里奇日前在首都圣地亚哥参加悼念政变受害者活动时表示，这场政变带来的痛苦经历给几代智利人留下深刻烙印。但美国政府迄今没有表现出丝毫悔意，遑论道歉。美国国务院在日前发布的一份声明中甚至大言不惭地说，文件的解密"符合我们在各自国家和世界促进民主和人权的共同努力"。

美国究竟是如何在拉美"促进民主和人权"的呢？1823 年，美国发表"门罗宣言"，声称"美洲是美洲人的美洲"，实际上是把美洲当作美国人独占的"后院"。美国总统西奥多·罗斯福曾公开宣称："美国为了奉行'门罗主义'，不得不行使国际警察的权力。""门罗主义"提出 200 年来，美国采取各种手段攫取拉美自然资源，破坏拉美国家经济，干涉拉美国家内政，导致拉美国家

经济衰退、社会动荡、不平等加剧。哈佛大学的一项研究表明，在 1898 年至 1994 年不到 100 年的时间里，美国政府在拉美地区策划和实施了至少 41 次政变，相当于每 28 个月就有一次。直到今天，"门罗主义"遗毒仍在。美国对"不听话"的拉美国家动辄制裁打压，还企图将拉美国家当作阵营对抗的棋子，强迫其选边站队。阿根廷国立拉普拉塔大学教授加布里埃尔·梅里诺指出，拉美和加勒比地区深受美国霸权伤害。

美国所谓"促进民主和人权"的幌子，掩盖不住"门罗主义"给拉美国家带来的伤害，美式霸权在拉美国家招致越来越多的抵制和反抗。去年在美国主办的第九届美洲峰会上，美方试图借主场优势重塑自身在美洲的领导地位。然而，因美国拒绝邀请古巴、委内瑞拉和尼加拉瓜三国领导人参会，峰会遭到拉美多国领导人的公开抵制。美国《外交政策》网站评论指出，美方讨论拉美问题时的一大特点是"无知的傲慢"。墨西哥总统洛佩斯表示，美洲不应再有"门罗主义"、干涉主义政策和封锁他国行为，也不应由任何一个国家主导该地区。

当前，作为新兴市场国家和发展中国家集合体的"全球南方"在国际事务中的话语权和影响力不断提升，拉美国家也不断迈出团结自强的新步伐。美方应认清时代大势，切实尊重拉美国家主权与人民权利，切实遵守国际关系基本准则，只有这样才可能与拉美国家建立正常关系。

2023 年 9 月 18 日第 15 版

陆

美式民主无法有效保障美国人权

美国须正视国内毒品泛滥的顽疾

美国必须正视自身问题，采取措施应对国内毒品泛滥问题，保护美国人民的生命权、健康权，不应误导公众，转移对本国毒品滥用治理不力的责任，更不应无理指责他国

当前，美国是全世界毒品问题最严重的国家。美国吸毒人数约占全球的12%，是其人口占全球比例的3倍；过去12个月，有1010万美国人至少吸食过一次鸦片，18岁以上的美国人中有多达4820万人至少吸食过一次大麻……一个个触目惊心的数据，反映出美国毒品泛滥的严酷现实。美国国内毒品问题愈演愈烈，已成为难以根治的"美国病"。

毒品泛滥对美国社会造成巨大损失。过量吸食毒品造成人口大量死亡，大大削减了美国社会劳动力基数，影响美国人口平均寿命。美国《科学》杂志2018年发表的报告显示，过去38年里美国吸毒过量死亡人数呈几何级数增长，几乎每年都增加9%，大约每8年翻一倍，2017年致死7.2万人，创下历史纪录。美国疾病控制与预防中心的数据显示，2020年4月至2021年4月，美国有超过10万人死于吸毒过量。毒品泛滥还导致美国家庭危机、暴力犯罪、儿童心理创伤等社会问题频发。曾任白宫国家禁毒政策办公室主任的迈克尔·博蒂切利表示，越来越多致命毒品进入市场，毒品和药物滥用问题越来越严重，毒品吸食过量的情况以及给社会带来的灾难令人心碎。

毒品泛滥反映了美国社会的深层问题，是经济利益、游说集团、社会文化多重因素共同作用的结果。美国利益集团为维护市场利润，投入大量资金兜售"阿片类药物无害"论，进而推动毒品合法化，鼓动药店大力推销毒品、医师滥开药用处方。"公开秘密"网站根据美国参议院公开数据分析，20多家大麻

企业仅在 2021 年支出的游说资金就高达 428 万美元。在利益集团的游说下，美国众议院积极审议推动大麻合法化法案。美国一家大麻企业副总裁甚至表示："我们不需要说服人们相信大麻，我们需要的是说服他们合法购买。"新冠疫情进一步激化了美国社会矛盾，枪支暴力、种族主义、社会不公、贫富悬殊等问题的压力传导到年轻人群体，导致年轻人对美国信心大幅下降，压力不断增大，更多人通过吸食毒品缓解压力。

毒品问题折射出美国社会治理的失败。美国政府受经济利益驱使纵容毒品滥用，甚至推动毒品合法化。美国大麻产业在疫情背景下依旧逆势增长。大麻销售数据平台 BDSA 显示，2020 年美国合法大麻销售额达到创纪录的 175 亿美元，较 2019 年飙升 46%。美媒报道称，最先将大麻合法化的加利福尼亚州仅两年的大麻税收就超 10 亿美元。美国作为全球芬太尼问题最为突出的国家，至今仍未正式整类列管芬太尼类物质。美国卫生与公众服务部前副部长高京柱犀利指出，当前美国毒品和药物滥用是最具破坏性的公共卫生灾难之一。这场危机是美政府多系统监管失败的反映，急需紧急、统一、全面的应对措施。美国智库曼哈顿政策研究所表示，在美政府发布的国家毒品管制战略中，几乎看不到政府在抗击这场最大公共卫生挑战之一时本应展现的重要作用，而是放任毒品和药物滥用愈演愈烈。

长期以来，美国政府在打击毒品问题上一再混淆是非、甩锅推责。这不仅是对美国民众的极不负责任，也破坏了国际禁毒合作。《纽约时报》专栏作家约安·格里洛撰文指出，美国把自身问题归咎他国并胁迫其采取措施是老套路了，纯粹是虚伪，如果美国自己不努力，别人无论做什么都无济于事。

毒品问题是美国根深蒂固的历史顽疾。美国必须正视自身问题，采取措施应对国内毒品泛滥问题，保护美国人民的生命权、健康权，不应误导公众，转移对本国毒品滥用治理不力的责任，更不应无理指责他国。

2023 年 2 月 10 日第 15 版

枪支暴力是美国抹不去的人权污点

美国一些政客长期漠视本国民众生命权，却对他国人权指手画脚，暴露出十足的虚伪和霸道。他们最应该并有责任做的是正视并解决自身问题，让美国人民真正拥有免于枪支暴力恐惧的自由

枪支暴力是美国最严重的社会问题之一。枪支暴力档案最新数据显示，美国今年以来已发生 72 起大规模枪击事件。频频发生的枪击事件严重侵犯民众生命权，已成为美国抹不去的人权污点。

美国是世界上民间拥有枪支最多的国家。数据显示，2017 年美国私人拥有枪支约 3.933 亿支，平均每 100 人约拥有 120.5 支枪。无论是私人拥枪总数，还是人均拥枪数量，美国都高居世界第一。有关研究显示，美国正处于一场大规模的枪支购买热潮中。从 2000 年至 2020 年，美国枪支年产量几乎增长两倍，过去三年更是急剧增长。据美国全国射击运动基金会统计，2020 年美国进行了 2100 万次枪支销售审查，比此前最多的 2016 年增加 530 万次。贫富差距拉大、种族歧视问题严重、抢劫和骚乱频发等加剧美国社会不安全感，促使更多美国人以防身为由购买枪支。

枪支泛滥引发接连不断的暴力事件，让美国社会安全问题更加严重，极大危害美国民众生命安全。枪支暴力档案数据显示，2022 年美国有 44309 人死于枪支暴力。近年来，造成 4 人及以上伤亡的枪支暴力事件增长迅速。数据显示，2013 年以来，美国大规模枪击事件和死亡人数增长近 3 倍。2020 年以来，美国大规模枪击事件一直保持在 600 起以上，2021 年甚至达到了 692 起。频频发生的枪击案让美国民众长期生活在恐惧之中。美国心理协会调查显示，1/3 的美国民众去哪儿都担心成为大规模枪击事件的受害者，近 1/4 的民

众承认为躲避大规模枪击事件而改变了生活方式。美国媒体指出，在美国已经没有能够远离枪支的安全场所存在，枪支暴力成了美国人的"生存方式和死亡方式"。

一声声枪响，击碎了所谓"人人得享不可剥夺的生存与自由"的美国梦，但美国政府对此却束手无策。美国宪法第二修正案规定了个人持枪权。近年来美国枪支暴力问题日益突出，拥枪派和控枪派人士就该修正案释法问题展开激烈辩论，控枪立法讨论多次在争论中陷入僵局。美国各州和地方多次试图制定控枪法律，但始终难见实效。美国联邦最高法院去年还作出裁决，推翻了纽约州一项限制在公共场所隐秘携枪的法律，直接削弱了纽约、加利福尼亚、夏威夷、马里兰、马萨诸塞、新泽西等州和地方政府监控枪支的能力。美国《纽约人》周刊网站文章认为，由于缺乏国家层面更有效的枪支法，美国几乎不可能阻止更多的大规模持枪杀人事件发生。

枪支暴力问题凸显美国治理能力衰败。相互掣肘的政治体制、日益极化的政治生态、无孔不入的利益集团等，使美国枪支管控举步维艰，全面禁枪几乎成为一项"不可能完成的任务"。美国政治制度的设计与运作是枪支管控不力的深层根源，各州关于枪支管控的规定松紧不一，枪支管控和跨州执法愈发困难。美国两党在控枪问题上的立场日益两极化，导致双方更难在控枪问题上达成妥协。美国的集团政治和选举政治为拥枪团体提供了合法渠道，使其能大搞金钱政治，影响国会议员在枪支问题上的立场。这些问题导致美国政府长期在控枪方面几乎毫无作为，也让民众日益认识到"枪支暴力是美国永难终结的瘟疫"。

生命权是最大的人权。美国一些政客长期漠视本国民众生命权，却对他国人权指手画脚，暴露出十足的虚伪和霸道。他们最应该并有责任做的是正视并解决自身问题，让美国人民真正拥有免于枪支暴力恐惧的自由。

2023 年 2 月 17 日第 15 版

遮掩不住的美国贫富分化冷酷现实

美国是贫富分化最为严重的西方国家，在富者愈富、穷者愈穷的困局中越陷越深。无法解决贫富分化问题的美式民主，无疑是虚伪的

美国是贫富分化最为严重的西方国家，在富者愈富、穷者愈穷的困局中越陷越深。美国人口普查局最新数据显示，2021 年美国基尼系数达 0.494，再创新高。贫富分化已成为美国社会痼疾，是美国民主人权的严重污点。

20 世纪 70 年代以来，美国收入不平等和财富悬殊程度日益加深。美联储的数据显示，2021 年美国最富有的 1% 的人口财富总和达 45.9 万亿美元，这一数字超过了底层 90% 美国人的财富总和。彭博社指出，财富越来越往"金字塔"顶端集中，这是美国贫富差距继续扩大的最新信号。与此同时，美国仍有 3700 万人生活在贫困线以下。据美国皮尤研究中心最新发布的调查结果，1/4 的美国家长表示，在过去的一年中，他们有时无法负担家人所需的食物或无法支付房租、抵押贷款。诺贝尔经济学奖得主斯蒂格利茨犀利指出，美国已经成为一个满是穷人的富国，一个巨大的鸿沟正横亘在上层阶级与其他阶级之间。

新冠疫情发生以来，美国贫富分化问题进一步恶化。由于货币超发和大规模财政支出助推股价和房价猛涨，美国最富裕阶层迅速扩大了自己的财富。美联储关于家庭财富的报告显示，截至 2021 年第四季度，美国最富有的 1% 的人口财富总和在疫情期间增加超过 12 万亿美元，增长 1/3 以上。与此同时，疫情引发的经济衰退导致大量美国人失业，低收入者经济状况进一步恶化。美国《大西洋月刊》报道说，美国低收入人群感染新冠病毒后，通常会延迟去看医生，因为他们根本没有钱。更讽刺的是，疫情期间，越是需要救助的特困人群，越是难以触及美国各项福利措施。联合国人权专家指出，美国应对新冠疫

情的政策辜负了穷人。

贫富分化加剧美国社会不公。在美国，高等教育资源总是不成比例地向富人倾斜，低收入人群失去平等受教育的机会。一项统计显示，在 38 所美国精英大学中，来自收入水平前 1% 美国家庭的学生数量多于来自收入水平处于后 60% 美国家庭的学生数量。美国住房和城市发展部报告显示，2020 年全美有超过 58 万人无家可归，其中 22.6 万人露宿街头、住在汽车或废弃建筑物中。《美国医学会杂志》的一篇研究报告指出，受新冠疫情影响，美国加州最贫穷阶层和最富裕阶层的平均预期寿命差距扩大到 15.51 岁。种族矛盾加深、城市骚乱频发、暴力犯罪严重……美国社会乱象丛生，都与贫富差距扩大密切相关。

贫富分化痼疾难除，与美国的政治制度和美国政府代表的资本利益密切相关。"在美国政界，有两样东西很重要，第一是金钱，第二我就不记得了。" 100 多年前，美国联邦参议员汉纳这样形容美国政治。在金钱政治的影响下，美国政府的权力更倾向于为拥有资本的少数富人服务，而不是为大多数选民的利益服务。美国智库尼斯卡宁中心的研究显示，美国国会议员对富人的反应速度要远快于对穷人的反应速度。穷人代表的缺失已扩散至美国政治的各个层面。新加坡学者马凯硕指出："美国是一个富豪统治国家，而不是一个民主国家。民主代表的是民有、民治、民享的政府，富豪统治则意味着，政府是被那 1% 的富豪有、富豪治、富豪享。"

作为头号资本主义国家，美国光鲜的面纱遮掩不住贫富分化的冷酷现实。无法解决贫富分化问题的美式民主，无疑是虚伪的。美国应倾听底层民众的呼声，正视国内贫富差距加剧的严峻现实并解决问题。

2023 年 2 月 24 日第 17 版

美式民主无法有效保障美国人权
——美国已成为全球人权发展的搅局者和阻碍者①

2022 年是美国人权状况标志性倒退的一年。自诩"人权卫士"的美国，金钱政治、种族歧视、枪支泛滥、警察暴力、贫富分化等痼疾难除，人权立法司法大开历史倒车，美国人民的基本权利和自由被进一步架空

3 月 28 日，中国国务院新闻办公室发表《2022 年美国侵犯人权报告》，用大量事实和数据揭露了美国侵犯人权的真相。报告指出，2022 年是美国人权状况标志性倒退的一年。自诩"人权卫士"的美国，金钱政治、种族歧视、枪支泛滥、警察暴力、贫富分化等痼疾难除，人权立法司法大开历史倒车，美国人民的基本权利和自由被进一步架空。事实深刻揭示，美式民主无法有效保障美国人权。

美国国务院日前再次发表所谓国别人权报告，美国政客宣称"人权是普遍的""不会对美国自身存在的人权问题置之不理"，但美方在其报告中对全球近 200 个国家和地区的人权状况说三道四，唯独不提美国存在的严重人权问题。中方发表《2022 年美国侵犯人权报告》，用铁的事实告诉世界，美国公民权利保护制度严重失能、美式选举民主日益空心化、种族歧视与不平等愈演愈烈、底层民众基本生存危机加重、妇女儿童权利历史性倒退、恣意侵犯他国人权践踏正义，为美国政客好好补一补本国人权课提供了很好的教材。

美式民主空心化加剧，难以解决美国长期存在的系统性人权问题。当前，美式民主正因政治献金、"黑金"输送、投票限制、暴力恐吓等日益空心化，亿万富翁和利益集团可以轻易操弄选举走向，民众意愿难以有效转化为治理决策。枪支泛滥问题无解就是例证。尽管绝大多数美国民众明确要求控枪，但利

益集团操弄、政商勾结导致美国控枪议程长期陷于瘫痪。2022 年 6 月，美国联邦最高法院对"布鲁恩案"的裁决，推翻了纽约州和其他 6 个州长达半个世纪的控枪立法，使这些州居民可以携带隐藏枪支，成为美国控枪领域的标志性倒退。

美国两党极化导致政治空转，严重损害公民权利。美国民主、共和两党之间意识形态分歧与对立持续扩大，加剧美国社会撕裂。美国联邦最高法院也未能逃脱党争撕扯，去年终结了近 50 年来受宪法保护的堕胎权，是对妇女人权和性别平等的巨大打击。两党恶斗造成否决政体，治理效能不断走低，严重动摇美国民众对美式民主的信心。民调显示，69% 的美国人认为美国民主面临"崩溃风险"，86% 的美国选民表示美国民主面临"非常严重的威胁"，人们对美式民主普遍感到绝望。

美国政客服务于寡头利益，无力解决美国人权领域的结构性顽疾。近年来，美国基于种族偏见的仇恨犯罪大幅增长，去年 5 月发生的布法罗超市种族主义屠杀惨案震惊世界；死于毒品和药物滥用的美国人急剧增加，每年超过 10 万人；美国儿童贫困率从 2021 年 12 月的 12.1% 上升至 2022 年 5 月的 16.6%，增加了 330 万贫困儿童……面对冷酷现实，美国政客不仅丧失了回应普通民众基本诉求、捍卫普通公民基本权利的主观意愿和客观能力，甚至成为美国革除人权领域痼疾的严重障碍。

美式民主连本国人权都无法有效保障，美国政客却依旧打着"民主""人权"旗号在国际上挑起对抗纷争，恣意践踏他国人权。美国布朗大学有关研究指出，21 世纪以来，美国以"反恐"为名在 85 个国家开展军事行动，直接导致至少 92.9 万平民死亡，3800 万人流离失所，侵蚀了国内外公民的自由和人权。作为实施单边制裁总数最多的国家，美国目前仍在对 20 多个国家实施制裁，极大削弱了这些国家人权保障能力与水平。目前，美国正张罗举办第二届"领导人民主峰会"，其真实目的就是要继续将民主政治化、工具化，推行集团政治，服务自身霸权利益。国际社会越来越清楚地认识到，美国政客高谈"民主""人权"，实则奉行强权政治，已成为全球和平发展的破坏者、人权进步的绊脚石。

美国无视并无力解决本国存在的严重人权问题，却到处对别国人权状况指手画脚，必然受到各国人民强烈反对。美国应放下傲慢与偏见，切实正视、检视自身存在的严重人权问题，认真反思其制度性根源，早日停止侵犯他国人权的霸权霸道霸凌行径。

2023 年 3 月 29 日第 3 版

"任意拘押帝国" 严重践踏人权
——美国已成为全球人权发展的搅局者和阻碍者②

美国在国内外实施任意拘押的骇人听闻事实昭告世人，美国是不折不扣的"任意拘押帝国"，也是当今世界上践踏人权最严重的国家

免于任意拘押是联合国《世界人权宣言》规定的一项个人基本权利，也是国际人权条约中的重要规定。美国罔顾国内法律规定和国际条约义务，在国内外大搞任意拘押，对有关人员造成严重身体和精神双重伤害。一个个触目惊心的事实和真相，剥去了美国在任意拘押问题上的伪装，戳穿了美国在民主人权领域的虚伪面目和双重标准。

在国内，美国政府任意拘押移民，严重违反"禁止使用酷刑"规定。美国国土安全部在边境实行家庭分离政策，对被强行分开的父母与子女造成严重痛苦和折磨；被拘押在佐治亚州欧文县拘留中心的女性经常遭受医疗虐待和恶意忽视；美国移民局经常将移民安置于当地监狱中，使其遭受各种身体摧残；美国对移民拘押时间没有明确规定，拘押时间长短取决于移民拘押场所和经济因素，有些甚至成为无限期拘押。2022 年 2 月，超过 9400 名无人陪伴儿童移民遭美国边境执法人员扣留，其中约 4000 人在边境拘留所被拘押超过 72 小时。美国"政客"网站报道，2017 年 2 月至 2021 年 6 月，超过 65 万未成年人被美国边境执法部门拘押，其中包括 22 万儿童，约 1/3 的儿童被拘押时间超过 72 小时。美国任意拘押移民的行径受到包括联合国人权事务相关负责人等的强烈谴责。

在国际上，美国任意拘押、虐囚等丑闻更是触目惊心。自克林顿政府以来，美国一直使用"监狱船"关押恐怖主义嫌疑人。2001 年至 2008 年，美国可

能使用了多达 17 艘军舰作为"浮动监狱"。美国布朗大学沃森国际和公共事务研究所"战争代价"研究报告指出,"9·11"事件后,美国海外"黑监狱"网络运行涉及至少 54 个国家和地区,拘禁数十万人。美国打着所谓"反恐战争"的幌子在多国设立"黑监狱",秘密拘押所谓恐怖嫌疑人,大搞刑讯逼供,是美国肆意践踏法治和践踏人权的铁证。臭名昭著的关塔那摩监狱、阿富汗巴格拉姆监狱、伊拉克阿布格里卜监狱不断曝出虐囚丑闻,殴打、水刑、长期剥夺睡眠等各种"强化审讯手段"令人发指。英国《卫报》指出,至今仍然无法掌握美国海外"黑监狱"系统性虐囚的全部情况,更别提如何追究责任,"正义的清算被一拖再拖"。

美国政府不仅纵容海外"黑监狱"侵犯人权,还持续掩盖和否认自己的罪行。2002 年 12 月,时任美国国防部长拉姆斯菲尔德批准在关塔那摩监狱使用感官剥夺、隔离和使用恶犬等一系列审讯技术。美国政府封锁消息,阻挠国际红十字会公布调查结果,并拒绝接受联合国关于关闭该监狱的建议。"战争代价"研究报告显示,阿富汗巴格拉姆监狱在押犯人古尔·拉赫曼死亡 4 个月后,负责审讯的官员却获得中情局嘉奖和 2500 美元现金奖励。伊拉克阿布格里卜监狱数百张虐囚照片曝光后,除了涉事美军低级士兵受审外,其他美军人员、政府高官和参与其中的军事承包商都免于受审。美国政府甚至对批评美国政府虐囚的国际刑事法院首席检察官等多名官员实施经济制裁和入境限制。

美国在国内和国际上大搞任意拘押、漠视人权由来已久,反映出根深蒂固的种族主义痼疾和暴力主义政治文化。近年来,美国白人至上主义思潮兴起,种族矛盾愈发尖锐,边境难民危机频发。基于种族的任意拘押粗暴践踏少数族裔和外来移民基本人权,进一步撕裂美国社会,造成难以愈合的社会创伤。美国在国内对移民的任意拘押和在国际上大量设立各种"黑监狱"、制造任意拘押案件的事实,反映出美国根深蒂固的霸权主义思维、单边主义思想和暴力主义政治文化。

美国在国内外实施任意拘押的骇人听闻事实昭告世人,美国是不折不扣的"任意拘押帝国",也是当今世界上践踏人权最严重的国家。美方应正视并反省自身严重的民主劣迹和人权问题,彻底摒弃将民主人权问题政治化的行径,停止打着民主旗号干涉别国内政,停止侵害别国人权。

2023 年 3 月 30 日第 17 版

侵犯难移民人权恶行累累

——美国已成为全球人权发展的搅局者和阻碍者③

美国是一个移民国家，但其对待移民的历史充满歧视、排斥、逮捕、拘留、驱逐的非人道惨剧，对移民人权的侵犯比比皆是、从未间断。近年来，美国政府更是制造了一桩又一桩针对赴美难民和移民的人道灾难。铁的事实证明，美国在难移民问题上并非自诩的"民主灯塔"，而是充斥着谎言和双标。

美国对待移民的历史，就是一部充斥着非人道惨剧的"黑历史"。来自爱尔兰、日本、东欧和南欧、拉丁美洲、中东的移民，都曾经在美国遭到歧视与排斥。排华运动是美国历史上最臭名昭著的歧视与排斥移民暴行，还催生了美国第一部也是唯一一部以种族和国籍为理由，禁止特定族裔所有成员移民美国的法律——《排华法案》，该法案直到 1943 年才被正式废除。白人对黑人的奴役历史至今仍对黑人后裔造成严重伤害，使其生命权、发展权和政治权利很难得到有效保障。2022 年 9 月，联合国消除种族歧视委员会发布的关于审议美国履行《消除一切形式种族歧视国际公约》情况的结论性报告指出，美国历史上殖民主义和奴隶制留下的阴影至今仍挥之不去，助长着美国社会流行的种族主义。

近年来，美国政府更是越来越严格地限制移民，并且苛刻和非人道地对待移民。移民儿童被迫与父母强行分离拘留，被关在铁笼子里，只有简易的锡箔纸当"保暖毯"；美国边境执法部门巡逻队员骑在马背上，挥舞着马鞭冲向人群将难民驱逐到河水里；"移民卡车"惨剧酿成迄今最严重的移民死亡事件，53 人因闷热而死……联合国人权事务高级专员沃尔克·图尔克批评道，美国政府边境移民政策对寻求庇护者的基本权利构成威胁，破坏国际人权和难民法的根基。美国社会还存在对移民及其后裔的严重歧视，近年来"仇亚"问题尤其突出。根据"停止仇恨亚裔美国人与太平洋岛居民联盟"2022年的调查，过去两年该组织报告了11467起仇视亚裔美国人和太平洋岛居民事件。

美国根深蒂固的种族歧视是造成其移民问题的重要原因，国内政治极化导致移民问题日益恶化。种族主义贯穿着美国移民政策及对待移民的态度。调查显示，56%的美国选民认为美国仍然是个种族主义社会，70%的黑人认为超过一半的白人信奉白人至上主义。针对恶劣的现状，美国两党虽然都曾提出各自的移民改革方案，但很快就步入死胡同。美国两党都将难移民作为政治博弈筹码，但两党都没有真正推动问题的解决。美国的保守政客与媒体还不断渲染移民威胁，煽动反移民情绪，在美国本土引发多起针对移民和少数族裔的恐怖主义事件。

美国难移民问题积重难返，很大程度上是美国自身霸权霸道霸凌行径造成的恶果。美国把霸权主义的魔爪伸向哪里，就把难民问题带到哪里。根据联合国公布的数据，美国军事介入叙利亚已造成当地至少35万人失去生命，1200多万人流离失所，1400万平民急需人道主义援助，叙利亚难民问题被联合国称为"我们这个时代最大的难民危机"。美国在提出"门罗主义"后的200年间，30多次军事介入拉美国家，向地区国家强行输出美式民主，大搞经济掠夺，甚至策动政权颠覆。当这些国家的人民不堪美国制造的贫困动荡，试图北上逃脱时，又被美国拒之门外，甚至遭到暴力逮捕和监禁。美国民主党联邦众议员奥卡西奥—科尔特斯批评说："美国在几十年时间里，对于拉丁美洲政权更迭的不稳定状况负有责任。我们不能放火烧了某人的房子，然后责备他们逃难。"

美国应认真审视并纠正自身在难移民问题上的累累劣迹，切实改善外来难移民处境，停止霸权主义和霸凌行径，停止制造新的难民危机，停止扮演"人权卫道士"，停止借人权问题对他国进行抹黑和打压。

2023年3月31日第16版

民主失真、政治失能严重侵蚀美式人权根基
——美国已成为全球人权发展的搅局者和阻碍者④

金钱政治让美国日益偏离保护人权的方向，政治极化导致美国日益丧失保护人权的能力。美方根本没有资格在国际上大谈所谓"推进民主""维护人权"，更不应打着民主、人权的幌子搞霸权霸道霸凌

建基于殖民主义、种族主义奴隶制和劳动、占有、分配不平等之上的美国，在两极分化的经济分配格局、种族冲突的社会格局以及资本利益集团操控的政治格局相互作用下，近年来进一步陷入制度失灵、治理缺位、族群撕裂、社会动荡的泥潭。然而，美国近日举办所谓第二届"领导人民主峰会"，继续打着民主、人权的幌子在世界上制造分裂。美方还堂而皇之地宣布，美国国际开发署将组建所谓民主、人权和治理局，将民主和人权政治化、工具化的企图进一步暴露。

美国费尽心机拓展所谓美式民主内涵和外延，抵不过金钱对美式民主的腐蚀。美国前总统卡特曾指出："金钱政治对美国政治体系构成不可逆转的损害，这不是民主政治而是属于少数人的寡头政治。"美国选举靠金钱提供能量，正是金钱腐蚀美式民主的明证。随着 2010 年和 2014 年两次捐款限制的松绑，美国选举费用一再飙升。美国政治捐献数据库"公开秘密"的研究显示，2022 年美国中期选举的竞选花费总计近 170 亿美元，成为史上最昂贵的选举。美国政治被资本绑架，存在稳定的"金钱—回报"关系，"民有、民治、民享"变成了"1% 的人所有、1% 的人治理、1% 的人享用"。美国人哀叹：亿万富翁的财富一直在"淹没我们的民主"，美国的民主"缺少了真正来自人民的力量"。

美国两党政治异化为极化政治，进一步掏空了美式民主的里子。近 30 年

来，政治极化特别是两党政治的极化构成美国政治的一个最显著的特点。美国全国广播公司新闻网去年10月发布的调查结果显示，81%的民主党人认为共和党的议题对国家构成威胁，如不加以制止将会摧毁美国；79%的共和党人也同样认为民主党的议题将摧毁美国。民主党、共和党之间意识形态分歧与对立持续扩大，加剧美国社会撕裂，导致美国政治空转。美国三权分立的"制度神话"已彻底沦为党同伐异的工具，致使民众对美国政治体制的信心急剧下降。

金钱政治让美国日益偏离保护人权的方向，政治极化导致美国日益丧失保护人权的能力。近年来，美国枪支暴力致死人数居高不下，种族主义愈演愈烈，贫富差距越拉越大，都与美国民主失真、政治失能密切相关。以成为美国民众"最糟糕的噩梦"的枪支暴力问题为例，尽管美国的枪支拥有率、涉枪凶杀率和大规模枪击事件数量均居世界第一，但两党在控枪问题上的立场日益两极化，导致美国很难通过禁枪甚至是限制持枪的法案。与此同时，美国枪支利益集团为维护自身利益，开展强大政治游说。政府罔顾民意大幅放松枪支管制范围，允许在医院、学校、酒吧以及体育馆等人员密集的公共场所携枪。"开始于生产线加工，结束于受害者死亡"的枪支产业链的持续兴盛，是对美式民主和人权的辛辣嘲讽。

"现在美国民众基本上不再相信政府是为大众利益服务的，大部分人都认为美国政治制度由少数大型利益集团操控，且往往是为了他们自己的利益而把大众抛在脑后。"美国学者在《民主的反讽：美国精英政治是如何运作的》一书中指出。美国民主失真、政治失能，本国人权无法得到有效保障，美方根本没有资格在国际上大谈所谓"推进民主""维护人权"，更不应打着民主、人权的幌子搞霸权霸道霸凌，给他国人民带去动荡和灾难。

2023年4月5日第2版

系统性种族主义是美国"灵魂上的污点"
——美国已成为全球人权发展的搅局者和阻碍者⑤

美国国内存在的系统性种族主义，不仅是美国"灵魂上的污点"，也是引发国际社会广泛关切的严重人权问题。美国政客应正视问题，深刻反省，切实改善美国少数族裔的人权状况

在第二届所谓"领导人民主峰会"上，美方高谈"增进所有人的权利和尊严""促进平等和种族正义"。这些口号与美国种族歧视与不平等愈演愈烈的现实形成了鲜明反差。近年来，美国种族矛盾进一步恶化，少数族裔面临的系统性歧视有增无减，种族仇恨犯罪持续高发。美国政客对别国人权状况指手画脚，却对改善本国少数族裔人权状况束手无策，充分说明其在保障人权方面虚伪至极。

"美利坚得以形成的第一道根脉便是对原住民的殖民主义种族灭绝。这一根脉至今仍然是美国社会的根本支柱，并且渗透于美国文化当中。"美国学者在《双标帝国：从独立战争到反恐战争》一书中写道。美国明尼苏达州近日发布的报告，再次印证了这一判断的正确性。4月11日，明尼苏达州印第安事务委员会联合明尼苏达大学发布了一份长达500页的调查报告，认定明尼苏达大学创始董事会曾于19世纪为了经济利益"对当地原住民进行种族灭绝和清洗"，将其家园和资源据为己有，并在此后上百年借办学名义将这段黑历史"洗白"。

如今的美国，种族冲突的社会格局毫无改观，少数族裔随时可能遭遇种族歧视。据美国有线电视新闻网报道，对3000多名非洲裔美国人访谈的结果显示，82%的受访者认为种族主义是非洲裔面临的主要问题，79%的受访者表示曾因种族或族裔身份遭到过歧视。益普索集团去年3月发布的调查结果显示，

65%的拉美裔受访者表示在过去一年中遭遇过种族主义言论。1776年问世的美国《独立宣言》宣称"人人生而平等"，但直至今天，美国社会仍横亘着种族主义鸿沟。正如美国堪萨斯大学基金会杰出教授大卫·罗迪格所指出的："信奉种族劣根性和种族优越感早已深深地刻在美国的制度中，难解难分。"

近年来，美国政治极化导致社会分裂加剧，种族仇恨犯罪持续高发，一再冲击人类文明底线。2022年，美国确定的所有极端主义杀戮都与右翼极端主义有关，其中大量与白人至上主义相关。去年5月，布法罗超市种族主义屠杀惨案震惊世界，10名非洲裔美国人遇害。统计数据显示，美国基于种族偏见的仇恨犯罪在2020年至2022年间大幅增长。亚太裔数据研究组织的在线民意调查发现，2021年全美每6个亚裔美国人中就有1人经历过基于种族的暴力。当人们最重要的生命权、生存权都需要用肤色来衡量时，美国社会哪里谈得上平等，哪里还有真正的人权？

各类隐性种族不公在美国无处不在，少数族裔普遍感到生活在"另一个美国"。不久前，美国弗吉尼亚州在押非洲裔男子伊尔沃·奥蒂诺在被警方送往精神病院时死亡。事发时的监控视频显示，奥蒂诺在手脚被铐的情况下，被多人按倒在地。这出惨剧让美国社会再次聚焦少数族裔面临的司法不公问题。"警察暴力地图"网站的数据显示，在2013年至2022年的警察杀人事件中，非洲裔被警察杀害的可能性是白人的2.78倍。在住房领域，由于有色人种和少数族裔群体在获得住房方面持续遭遇政策性和法律性歧视，美国白人和非洲裔房屋拥有率达到120年来的最大差距。在医疗卫生领域，联合国消除种族歧视委员会的结论性报告指出，美国有色人种和少数族裔孕产妇死亡率和发病率高得不成比例。大量事实表明，种族不平等在美国依旧是一个制度性、系统性问题。

美国国内存在的系统性种族主义，不仅是美国"灵魂上的污点"，也是引发国际社会广泛关切的严重人权问题。美国政客应正视问题，深刻反省，切实改善美国少数族裔的人权状况。

2023年4月14日第15版

霸权霸道霸凌行径破坏和平、侵犯人权
——美国已成为全球人权发展的搅局者和阻碍者⑥

热衷于高喊人权口号、对他国人权状况指手画脚的美国，恰恰是国际人权事业的最大破坏者，最应该坐到世界人权的"被告席"上

美国白宫日前发布阿富汗撤军行动调查报告，承认在撤军过程中存在"巨大的情报失败"，将仓皇撤军责任归咎于前政府。美方应该明白的是，军事撤离并不意味着撇清责任，发布调查报告也不意味着美国在阿富汗令人不齿的行径画上了句号。国际社会看得十分清楚，美国发动的长达20年的阿富汗战争是造成当前阿富汗困难局面的主要原因，各方呼吁美方立即解除对阿富汗的单边制裁，立即归还属于阿富汗人民的海外资金，停止在阿富汗制造新的人道主义灾难。

美国学者约翰·米尔斯海默指出，在"自由主义霸权"政策主导下，倾向于不断发动战争的美国增加了国际体系中的冲突，造成了不稳定。"这些武装冲突通常以失败告终，有时是灾难性的，主要是以牺牲据说是被自由主义的巨神所拯救的那些国家为代价。"美国发动的阿富汗战争就是美国霸权危害世界的明证。美国武力"征服"并未换来阿富汗片刻安宁，美军占领阿富汗的20年是阿冲突和动乱的20年。美在阿富汗越反越恐，踞阿恐怖组织从20年前个位数增加到如今20多个，留下巨大"安全黑洞"。美国强行对阿富汗进行"民主改造"，导致阿富汗内部民族和解问题延宕至今。美国曾宣称要帮助阿富汗建立"民主、繁荣"的国家，但其最终给阿富汗人民留下的却只有动荡和贫困。

根据总部位于英国的监测组织"空战"的数据，自2001年以来，仅在阿富汗、伊拉克、利比亚、巴基斯坦、索马里、叙利亚和也门等地，美国军队

就实施了近 10 万次轰炸，造成多达 4.8 万名平民死亡。为单方面追求自身利益，美国还充当幕后黑手挑起其他国家和地区战乱，大肆挑动"代理人战争"。2017 年至 2020 年，五角大楼在中东和亚太等地区启动了 23 个以"127e"行动为名的"代理人战争"，至少有十几个国家参与，目标对象包括叙利亚、也门、伊拉克、突尼斯、喀麦隆和利比亚等国家。正如美国匹兹堡大学教授霍尔格·霍克所指出的，"对内对外使用暴力似乎已成为当代美国的一个标志"。如此穷兵黩武的美国，不但是全球和平发展的破坏者，也是人权进步的绊脚石。

近年来，美国对其他国家实施的单边制裁呈指数级增长，极大削弱了被制裁国家人权保障的能力与水平。截至 2021 财年，美国已生效的制裁措施累计达 9400 多项，是名副其实的全球唯一"制裁超级大国"。美国目前仍在对 20 多个国家实施制裁，包括 1962 年以来对古巴的制裁、1979 年以来对伊朗的制裁、2011 年以来对叙利亚的制裁，以及近年来对阿富汗的制裁，导致被制裁国家无法向其人民提供基本的食物和药品。美国布鲁金斯学会分析估计，在伊朗疫情最严重时期，美国持续施加的制裁影响进一步加剧，可能导致多达 1.3 万人死亡。联合国单边强制措施对人权负面影响问题特别报告员阿莱娜·杜晗发表声明，关切美国对域外个人和实体实施禁止入境、冻结资产等单边强制措施，侵犯了有关个人和实体的劳动权、行动自由权等基本人权。美国政府肆意实施制裁引发他国人权危机受到国际社会强烈谴责。去年 11 月，联合国大会连续第三十次通过决议，多达 185 个国家支持谴责美国对古巴的禁运。

事实一再证明，热衷于高喊人权口号、对他国人权状况指手画脚的美国，恰恰是国际人权事业的最大破坏者，最应该坐到世界人权的"被告席"上。美国应立即停止打着人权的幌子搞霸权霸道霸凌，真正做些有利于国际人权事业发展的事情。

（本系列评论到此结束）

2023 年 4 月 19 日第 3 版

美国禁毒，内病外治行不通

在禁毒问题上，美方必须正视自身问题，不能讳疾忌医。攻击抹黑中国治不了美国国内毒品泛滥的痼疾，只会将美国毒品治理问题拖延成更大的社会危机

甩锅推责，这是美方近年来越来越常用的伎俩。美国司法部日前宣布以涉嫌生产销售涉芬太尼化学前体为由，起诉多家中国企业和数名中国公民，是其习惯性甩锅推责的又一例证。美方执法人员在第三国采用"钓鱼执法"诱捕中国公民，并悍然再次起诉中国实体和个人，是典型的任意拘押、单边制裁，完全非法，严重损害中国公民基本人权，严重损害中国企业利益。美国国内毒品泛滥的根源在自身，美方企图通过施压、胁迫和非法手段解决自身在禁毒问题上的关切，这种内病外治的办法根本行不通。

中国在全球范围内率先整类列管芬太尼物质，为防范芬太尼非法制贩及滥用发挥了重要作用。2018年12月，中美双方同意采取积极行动加强执法、禁毒等合作，包括对芬太尼类物质的管控。2019年5月1日，中国将芬太尼类物质列入《非药用类麻醉药品和精神药品管制品种增补目录》。这是中国首次对某类物质实行"整类列管"，为打击和惩治涉芬太尼犯罪提供了有力的法律依据。中国还以空前的工作力度、超常的工作措施治理芬太尼问题，确保芬太尼类物质整类列管工作各项措施落地生效。中国治理芬太尼问题的强大力度和积极成效，展现了真正的负责任态度。

美方指责中国为其国内芬太尼类物质的主要来源，完全是罔顾事实、肆意抹黑。美方提及的所谓芬太尼前体是普通化工品，根据国际惯例和通行做法，保证国际货物不用于非法目的是进口企业的基本责任，也是进口国政府的法定义务。美国不对本国企业和个人进行监管，而是无理制裁中方负责禁毒工作的

机构，在禁毒问题上对中国抹黑污蔑，非法制裁中国企业，公然诱捕和起诉中国公民，这种肆意践踏国际法、实施"长臂管辖"的霸道行径，严重损害中国机构和公民的合法权益，严重破坏中美禁毒合作的基础。

美国频繁炒作芬太尼问题，无非是给本国毒品治理问题找替罪羊。美国是全世界毒品问题最严重的国家，至今没有正式整类列管芬太尼类物质。近年来，死于毒品和药物滥用的美国人急剧增加。美国疾病控制和预防中心今年6月发布的数据显示，2022年1月至2023年1月，超过10.9万美国人死于药物服用过量。根据国际麻醉品管制局统计，美国是全球最大的芬太尼类药品生产国和消费国，占世界人口总数5%的美国人消费了全球80%的阿片类药物。美国药物评价与研究中心物质使用和行为健康中心副主任玛尔塔·索科沃夫斯卡指出，药物滥用已经成为美国最具破坏性的公共卫生危机之一。

美国毒品泛滥是经济利益、游说集团、社会文化多重因素共同作用的结果。美国联邦和各州政府对毒品和药物滥用监管不力，甚至在利益集团游说下不断推动立法使大麻等合法化，导致越来越多青少年成为受害者。美国大型医药企业投入大量资金，资助专家和协会兜售"阿片类药物无害"论，进而推动毒品合法化，鼓动药店大力推销毒品、医师滥开药用处方，在毒品问题上推波助澜。美国加州大学戴维斯分校学者罗宾·戈尔茨坦和丹尼尔·萨姆纳2022年的研究指出，推动大麻合法化的"白日梦"之一，是意图通过税收使合法大麻"成为政府新的摇钱树"。2022年美国合法大麻销售额已超过300亿美元，预计2030年美国大麻市场将达到650亿美元。大麻利益相关企业、组织和政客进行钱权交易，形成利益集团，放任毒品和药物滥用愈演愈烈，反映出美国毒品治理失败的现实。

在禁毒问题上，美方必须正视自身问题，不能讳疾忌医。攻击抹黑中国治不了美国国内毒品泛滥的痼疾，只会将美国毒品治理问题拖延成更大的社会危机。美方应停止甩锅推责，立即撤销对中方禁毒执法机构的制裁，停止以涉芬太尼为借口制裁、起诉中国企业和公民以及实施悬赏诱捕和任意拘押，立即释放非法抓捕的中国公民。

2023年6月27日第17版

柒

日本强推核污染水排海极端不负责任

日本强推核污染水排海极端不负责任

日方应正视各方合理关切，忠实履行国际义务，同利益攸关方进行充分、有意义的协商，以科学、公开、透明、安全的方式处置核污染水，切实保护海洋环境和各国民众健康权益

近日，大量日本民众聚集在东京电力公司总部和日本首相官邸前，表达强烈反对核污染水排海的诉求，认为"把核污染水排放到大海是犯罪"。但日方无视国际机构专业权威意见和国内外反对声音，加速推进排海设施建设，并声称核污染水在今年春夏期间排放入海的计划不会改变。日方置全球海洋环境和公众健康于不顾，强推核污染水排海计划，是极端不负责任的行径。

据称日本向海洋排放核污染水将长达 30 年之久，但其迄今仍未就此提供足够的科学和事实依据，没有解决国际社会对核污染水排海方案正当性、数据可靠性、净化装置有效性、环境影响不确定性等关切。作为核污染水排海的实施主体，东京电力公司早有隐瞒虚报和篡改信息的前科。早在 2011 年 4 月和 5 月，日方就曾将部分核污染水倾倒入海，这种行为早已令其失信于世界。日本龙谷大学教授大岛坚一指出，福岛第一核电站内储存核污染水的储水罐超过 1000 个，东京电力公司仅选取很少一部分进行检测，并且全部检测工作都由其自行完成，并没有第三方机构进行核实。美国《科学》杂志也刊文指出，东京电力公司的说法无法得到足够数据支持，不值得信任。韩国首尔大学原子核工程系名誉教授徐钧烈表示，日方在国内挖掘一个 20 万平方米的人工湖完全可以满足未来 50 年倾倒核污染水需求。如今，日方在并未穷尽所有可实施手段的情况下，将本该由自身承担的责任转嫁给全人类，无异于对海洋进行恐怖袭击。

海洋环境关乎国际社会整体利益，核污染水排海绝非日本一家之事。在日

方公布排海决定后，中国、韩国、俄罗斯、菲律宾等多国以及有关国际机构均表达了关切。日本政府及东京电力公司曾做出得不到相关方理解不会处置核污染水的承诺，现在却违背承诺一意孤行。太平洋岛国论坛秘书长普纳表示，日本政府承诺在处置核污染水方面和太平洋岛国保持沟通，并提供所有独立的、可核实的科学证据，但令人遗憾的是日本政府没有合作，他们打算做的事情与之前的承诺背道而驰。新西兰奥克兰大学社会学家卡莉·伯奇指出，太平洋地区民众享有清洁、健康和可持续发展环境的基本权利，日本政府强推核污染水排海计划是对太平洋国家主权和自决权的直接漠视。日方应切实尊重国际社会的正当关切和强烈呼声，信守承诺，以负责任的方式处置核污染水。

作为《联合国海洋法公约》《伦敦倾废公约》《及早通报核事故公约》《核安全公约》《乏燃料管理安全和放射性废物管理安全联合公约》缔约国，日本强推核污染水排海，严重背弃国际法义务。国际原子能机构尚未完成对日方排海方案的评估，更未得出具体结论，迄今发布的三份报告指出日方核污染水排海和监管方案存在与机构安全标准不符之处，并提出诸多改进建议。福岛核污染水处置时间跨度长、各种不确定性突出，日方应就核污染水处置问题接受有效的国际监督。日方我行我素，企图将核污染水一排了之，无法取信于国际社会。

近两年来，国际社会一直强烈质疑和反对日本政府向海洋排放核污染水的单方面错误决定。联合国安理会不久前就海平面上升与国际和平与安全问题举行公开会议，多国代表再次对日方加速推进核污染水排放工作提出批评。太平洋岛国论坛特别领导人非正式会议重申，日本应以科学及数据来指导其核污染水排海的政治决策。日本国内多数民众也反对日本政府不负责任的做法，九成以上民众认为排海将引发负面影响。日本全国渔业协会联合会等民间团体强烈批评日政府违背承诺、漠视渔民群体利益。日方对国际社会和国内民众的正当关切和合理诉求置若罔闻，以为把头埋在沙子里就万事大吉，必然受到国际社会的谴责。

日方应正视各方合理关切，忠实履行国际义务，同利益攸关方进行充分、有意义的协商，以科学、公开、透明、安全的方式处置核污染水，切实保护海洋环境和各国民众健康权益。在同周边邻国等利益攸关方和有关国际机构充分协商并达成一致前，日方不得擅自启动核污染水排海。

2023 年 3 月 16 日第 17 版

日本核污染水处置应科学、公开、透明、安全

日方应立即停止核污染水排海各项准备，并同周边邻国、国际机构开展充分、有意义的协商，包括寻找排海以外的最佳处置方案，确保核污染水得到科学、公开、透明、安全的处置，并接受严格国际监督

2021 年 4 月 13 日，日本政府单方面宣布向海洋排放福岛核污染水的决定。两年来，无论是日本国内民众还是国际社会，都对日本政府此举可能带来的影响表示强烈担忧。日本政府出于一己之私，置全球公共利益于不顾，视国际法治为无物，至今仍在顽固推进核污染水排海准备工作，且拒绝正面回应国际社会的关切，在错误道路上越走越远。

2011 年 3 月 11 日，日本福岛第一核电站发生最高级别核事故，导致三座核反应堆堆芯熔化损毁，放射性物质大量释放。福岛核事故给日本人民带来沉重的灾难，中国等周边国家对事故的发生深表同情，并向日本政府和人民提供了及时的人道主义援助。10 多年后，日本政府无视国际社会呼声，选择向人类赖以生存的海洋排放核污染水，将风险转嫁给全人类，这种做法令人心寒。

日本核污染水曾与熔化的堆芯充分接触，含有 60 多种放射性核素，包括碳—14、碘—129 等半衰期极长的核素。日本采用稀释的办法降低核污染水中放射性物质浓度，却不对所有放射性核素进行总量控制。日本声称经过处理的核污染水安全无害，却又不愿应太平洋岛国要求将其排向日本内河或用作农业、工业用水，日方做法无异于自欺欺人。

日本核污染水排海计划是将本国私利凌驾于国际公共利益之上。核污染水排海没有先例。日方理应与各利益攸关方及相关国际组织进行充分协商，确定

最安全的处置方案。然而，日本政府单方面宣布将核污染水排海，刻意限制国际原子能机构技术工作组的授权，只允许其评估日方选择的方案，进而宣扬国际原子能机构对日方的方案表示"认可"。很多国家要求日方考虑长期储存核污染水等其他方案，日方出于眼前的经济成本考虑充耳不闻，依然我行我素，极其不负责任，也给其国家形象造成长期负面影响。

日方已囤积 130 多万吨核污染水，预计排放时间长达 30 年，整个过程的影响具有极大不确定性。核污染水中含有的很多放射性核素尚无有效处理技术，部分半衰期极长的核素可能随洋流扩散并形成生物富集效应，额外增加环境中的放射性核素总量。日方"多核素去除设备"的可靠性及相关工程的长期有效性问题仍然存疑。日方今年 3 月发布的数据显示，经该设备处理后的核污染水仍有近 70% 不达标。核污染水一旦排海，其中的放射性核素将在 10 年后蔓延至全球海域，影响全球海洋环境及海洋生物。

核污染水排海具有跨国界影响，根据一般国际法和《联合国海洋法公约》等规定，日方有义务采取一切措施避免环境污染，有义务与可能受影响的国家充分协商，有义务评估和监测环境影响，有义务采取预防措施确保危险最小化，有义务保障信息透明，有义务开展国际合作。日方试图找各种借口推卸责任、逃避国际义务，只将排海决定和准备进展向有关国家单方面通报，迄今未全面回应中国和俄罗斯专业技术部门从科学角度对日方排海方案提出的诸多疑问，无法取信于国际社会。

在核污染水处置这一关乎重大国际公共利益的问题上，日方所作所为与国际社会期待相去甚远。日方应立即停止核污染水排海各项准备，并同周边邻国、国际机构开展充分、有意义的协商，包括寻找排海以外的最佳处置方案，确保核污染水得到科学、公开、透明、安全的处置，并接受严格国际监督。

2023 年 4 月 13 日第 17 版

日本不应在军事扩张的道路上越走越远

日本如果执迷于通过加剧地区紧张来谋取私利，无异于火中取栗，非但换不来所谓的"战略自由""大国身份"，反倒会反噬自身，带来日本难以承受的后果

近来，日本在损害同邻国关系方面错误言行不断。日本主办的七国集团外长会发表所谓联合声明，粗暴干涉中国内政，恶意抹黑攻击中国，暴露出反华遏华的险恶用心。日本政客还在涉及战后国际秩序安排的台湾问题上不断抛出错误言论。日方有关言行在战略上短视，政治上错误，外交上更是不明智，只会让地区国家对日本的战略走向进一步提高警惕。

作为亚洲一员，日本近年来频繁"引狼入室"，对外战略正在发生危险变化。在美国宣称要"塑造中国的周边战略环境"的背景下，日本加速调整其外交安保政策。去年12月，日本正式通过新版《国家安全保障战略》《国家防卫战略》《防卫力量整备计划》三份安保政策文件，宣称日本应拥有"反击能力"，即"对敌基地攻击能力"。依据这三份文件，日本将大幅强化防卫力量，计划将2023至2027财年防卫费提升到2019至2023财年的1.6倍。到2027财年，日本防卫费将达其国内生产总值的2%。这意味着曾经对外发动军国主义侵略战争的日本完全抛弃了"专守防卫"原则，彻底背离了日本宪法的和平理念。日本山口大学名誉教授纐缬厚指出，这无疑将给东亚各国带来重大威胁，是一种"新军国主义"。

日本还将中国定位为所谓"迄今最大战略挑战"，在台湾、钓鱼岛、南海等问题上颠倒黑白、渲染"中国威胁论"，并以此为借口加紧突破战后体制，在军事扩张的道路上越走越远。今年以来，日本扩张军备动作不断：2023财

年防卫费总额较上一财年大幅增加 26%，宣布建设拥有 1000 公里打击能力的新型导弹部队，明确部署高超音速武器、开发射程 3000 公里潜射高超音速导弹的时间表……一个以"周边安全威胁"为借口推进军力突破的日本，正在给地区安全制造真正的威胁。日本《朝日新闻》援引日本内阁法制局前局长阪田雅裕的观点指出，日本开始拥有攻击性武器却坚称自己仍是"和平国家"，这属于言行不一。

为了推进自身军事松绑，日本不断抬高美日同盟在其对外战略中的位置。日本自认为可以在美国"印太战略"中搞投机，甚至配合美国将北约引入亚太，这是严重的战略迷失。历史早已清楚表明，坐在美日同盟战车驾驶座上的永远是美国，美国处理对日关系的出发点永远是维护自身霸权利益。对于美国霸权危害，日本曾有过切肤之痛。美国曾对日本发起纺织品战、钢铁战、彩电战、汽车战、汇率战、半导体战、美逼日系统性改革等七次贸易金融战。1985年 9 月，美国逼迫日本签订广场协议，该协议被认为是日本步入"失去的三十年"的转折点。1986 年、1991 年美日两次签订《半导体协议》，协议期结束后，美国半导体在全球和日本市场均扩张至三成左右。近年来，美国不仅对日加征钢铝、牛肉进口关税，还宣布丰田汽车为"美国安全威胁"。由此足见，日本虽是美国盟友，但只要动了美国利益的蛋糕，也躲不开美国的极限打压。

回顾历史，日本曾长期沉浸于所谓"脱亚入欧"迷梦，最终走上军国主义歧途，给地区国家人民造成深重灾难，也给日本人民带来了难以承受的后果。当前，地区国家普遍担忧，日本大搞军事扩张，可能重蹈历史覆辙。中日关系对地区和平稳定和日本自身发展至关重要，但日本国内一些势力却对美国错误对华政策亦步亦趋，配合美方在涉及中方核心利益问题上挑衅滋事，严重破坏中日关系政治基础和两国交往基本信义。4 月 24 日和 25 日，冲绳议员代表团向日本防卫省、日本内阁府和日本外务省递交了冲绳议会通过的和平外交意见决议书。该决议书公开质疑日本通过的新版"安保三文件"，要求日本政府遵循同中国在相关政治文件中已确认的各项原则，发展两国友好关系，积极发挥外交与对话作用去构筑和平。日本政府应认真倾听各个方面的和平、正义之声。

面对变乱交织的国际形势，面对域外霸权国家在地区兴风作浪的图谋，日本应深刻思考什么是真正的国家利益所在，什么是真正有利的国家发展之路。日本如果执迷于通过加剧地区紧张来谋取私利，无异于火中取栗，非但换不来所谓的"战略自由""大国身份"，反倒会反噬自身，带来日本难以承受的后果。日本唯有端正历史认知，反躬自省、谨言慎行，坚持走和平发展道路，才能取信于亚洲邻国和国际社会。

2023 年 4 月 26 日第 3 版

挑动和制造阵营对抗损害地区利益

日本借炒作所谓"中国威胁"刻意展示自己的"领导力"和内部矛盾重重的七国集团的"团结"，挑动和制造阵营对抗，只会让亚洲邻国更加警惕其不负责任的言行

炒作所谓"中国威胁"，这是七国集团轮值主席国日本为即将举行的广岛峰会写下的剧本主题。近日，日本领导人在接受媒体采访时再次构陷中国凭借实力单方面改变现状。日本屡次三番借张罗广岛峰会炒作所谓"中国威胁"，刻意展示自己的"领导力"和内部矛盾重重的七国集团的"团结"。这种为谋取一己私利而挑动和制造阵营对抗的做法，只会让亚洲邻国更加警惕其不负责任的言行，只会让国际社会更加看清其扮演的不光彩角色。

台湾回归中国是战后国际秩序的重要组成部分,《开罗宣言》《波茨坦公告》就此作出了明确规定。日本曾对外发动军国主义侵略战争，本应在涉及战后国际秩序的问题上谨言慎行。然而，一段时间以来，日本国内一些势力极力鼓噪"台湾有事就是日本有事"，甚至抛出"台湾安全对日本乃至整个世界都至关重要"的错误论调，妄图把台湾问题国际化。日本在涉及中方核心利益问题上挑衅滋事，是对中国内政的粗暴干涉，是对战后国际秩序的公然挑战。日本不顾欧洲国家领导人有关"欧洲不该卷入台海问题"的表态，妄图利用台湾问题绑架七国集团所有成员，是对其他成员的不尊重。

日本大肆炒作所谓"中国威胁"，真正企图在于推进自身军事松绑。1945年发表的《波茨坦公告》明确提出，日本永久铲除军国主义、建立崇尚和平之政府。坚持"专守防卫"的安保政策，禁止行使集体自卫权，"放弃发动战争的权利"，这是日本作为曾发动军国主义侵略战争的国家对世界的承诺。然而，

日本近年来加速调整其安保政策，寻求突破和平宪法。去年12月，日本正式通过新版《国家安全保障战略》《国家防卫战略》《防卫力量整备计划》三份安保政策文件，宣称日本应拥有"反击能力"，即"对敌基地攻击能力"，抛弃了"专守防卫"原则，背离了日本宪法的和平理念。日方将中国定位为"前所未有的最大战略挑战"，渲染炒作所谓"中国威胁"，就是为其突破和平宪法、大幅强化防卫力量寻找借口。

作为一个亚洲国家，日本却热衷于扮演美国在亚太维护霸权的急先锋，严重威胁地区和平稳定。美国宣称要"塑造中国的周边战略环境"，日本便亦步亦趋、为虎作伥，完全忘记曾被迫签下"广场协议"的屈辱历史，也对日本国内反对修改宪法、反对强军扩武的理性声音充耳不闻。日本还是"北约亚太化"的急先锋。去年，日本领导人首次出席北约峰会。日方目前正图谋让北约在东京设立联络处，将北约引向亚太的意图昭然若揭。亚洲是和平稳定的高地、合作发展的热土，不应成为地缘争夺的角斗场。日本种种言行已经引起国际社会特别是亚太地区国家的高度警觉。

日本强拉七国集团为其站台，有其不可告人的目的。日本急于摆脱战后体制束缚，成为"正常国家"，举办七国集团峰会被认为是展示其"大国抱负"的机会。但正如日本媒体分析指出的，七国集团在全球力量对比中的权重已经今不如昔。日本靠七国集团拉大旗作虎皮，完全是打错了算盘。日本要想成为自我标榜的"国际社会负责任一员"，首先应以实际行动取信于亚洲邻国和国际社会，而不是空喊口号。日本还有让七国集团为其强推核污染水排海计划背书的企图。在上个月的七国集团气候、能源和环境部长会议新闻发布会上，日方称福岛核电站退役工作包括核污染水排海方面的稳步进展将受到欢迎。但德国环境部长莱姆克当场表示，"我们不欢迎向海洋排放核污染水"，直接打脸日方。日本强推核污染水排海违背国际法义务，硬拉他国背书只会进一步加剧各方的不信任感。

广岛曾因日本发动军国主义侵略战争而遭受巨大伤痛。如今，在全球面临诸多挑战之际，日本漠视历史，选择在这里玩弄危险的地缘政治游戏，无论对日本民众还是对国际社会，都极其不负责任。日本政府应认真倾听来自民间的正义声音，"不要再以政治手段利用遭受过原子弹轰炸的广岛""不要做战争帮凶"。

2023年5月18日第17版

日方不应为强排核污染水找"护身符"

国际原子能机构报告没有证明福岛核污染水排海的正当性，难以保证福岛核污染水排海安全无害，免除不了日方的道义责任和国际法义务，不应成为日方强行闯关的"护身符"

在国际原子能机构（以下简称"机构"）发布日本福岛核污染水处置综合评估报告后，日本政府表现出明显的亢奋，正打算将报告包装成福岛核污染水排海的"护身符"。然而，这份精心措辞的报告未能充分反映所有参加评估工作各方专家的意见，有关结论未能获得各方专家一致认可，根本给不了日方想要的排海正当性与合法性，日方的企图注定徒劳。

报告没有证明福岛核污染水排海的正当性。日本政府单方面选择向太平洋排放核污染水，完全是出于经济成本考虑，是向全人类转嫁核污染风险。排海的唯一受益者是日本，其他环太平洋国家被迫承担风险，要耗费大量资源应对。两年前，日方请求机构审查评估其排海方案，从一开始就将其他更安全、更优化的处置方案排除在外。机构也仅对日方提供的这一方案进行评估。报告明确指出，证明排海的正当性属于日方责任，这对诸多利益攸关方至关重要；机构既没有建议日方采用排海方案，也没有为日方排海方案背书。

报告难以保证福岛核污染水排海安全无害。福岛核污染水包含60多种放射性核素，很多核素目前没有公认有效的净化技术。日方"多核素处理系统"的有效性和成熟度没有经过第三方认证，多次出现故障。日方公布的数据显示，70%以上处理后的核污染水放射性核素活度浓度超过排放限值。日方核污染水排海将持续30年甚至更久，如何证明其净化装置能够长期可靠运行？东京电力公司有多次隐瞒、篡改核污染水数据的前科，机构基于其提供的数据和信息开展评估，如何能让国际社会放心？机构报告指出相关安全性的结论是基于日方制定的计划，并将建立长期监督日方排海的机制，恰恰证明核污染水排海的长期风险。

报告也免除不了日方的道义责任和国际法义务。国际社会关切日方核污染水排海，本质是关切日方转嫁核污染风险，违反国际法义务。福岛核污染水中的部分长寿命核素可能随洋流扩散，会对周边国家海域生态平衡和海洋环境带来什么影响？会不会通过生物富集效应随海洋生物迁徙和食物链对食品安全和人类健康造成潜在风险？无论是机构，还是日方，都没有给出令人信服的答案。不仅如此，日本向海洋排放核污染水，涉嫌违反《联合国海洋法公约》等国际法规定的保护和保全海洋环境的义务，违反1972年《伦敦倾废公约》禁止通过海上人工构筑物向海洋倾倒放射性废物的规定。无论日方如何粉饰，都改变不了其涉嫌违反国际义务这一事实。

日方试图制造一种舆论，即不信任机构报告就是损害机构权威。但日方处心积虑地钻空子，限制机构在福岛核污染水排海问题上的审查授权，导致报告的结论不完整、有前提，这才是对机构权威的最大伤害。根据日本最新民调，仍有四成受访民众反对排海。《韩国日报》和日本《读卖新闻》的联合调查显示，八成以上韩国人不赞成日方排海。太平洋岛国、菲律宾、印度尼西亚、南非、秘鲁等多国专家和民众纷纷发声抗议，中国老百姓对日方所作所为更是强烈反对。令人遗憾的是，日方装聋作哑，混淆视听，顽固称将在今夏如期启动排海，对其他国家表达正当关切百般诋毁，甚至将核电站正常排水同向海洋倾倒核事故污染水混为一谈。这绝非负责任国家所为。

在核污染水排海这样一个关乎国际公共利益的重大问题上，日方有责任、有义务给全世界一个交代。日方应当清楚，机构报告平息不了外界对核污染水排海的质疑，更不可能成为日方强行闯关的"护身符"。日方应迷途知返，忠实履行国际道义责任和国际法义务，停止强推核污染水排海计划，充分研究论证排海以外的处置方案，同邻国等利益攸关方充分协商，切实以科学、安全、透明的方式处置核污染水。

2023 年 7 月 6 日第 17 版

日方渲染所谓"中国威胁"蛊惑不了世人

日方任何渲染所谓"中国威胁"的伎俩、寻求军事扩张的借口，都不可能瞒天过海、蛊惑世人。日本要成为正常国家，真正应该做的是正视和反省侵略历史，切实以负责任态度和实际行动取信于亚洲邻国和国际社会

日本政府日前发布 2023 年版《防卫白皮书》，宣称谋求"根本性地增强防卫力量"，未来 5 年计划将防卫开支增至 43.5 万亿日元（约合 3035 亿美元）。日方还罔顾基本事实，将中国定位为"前所未有的最大战略挑战"，大肆渲染所谓"中国威胁"，粗暴干涉中国内政，抹黑中国国防政策、正常军力发展和正当军事活动。这种做法清楚表明，日方正企图通过渲染所谓"中国威胁"，为其自身武力扩张寻找借口。

中国坚持走和平发展道路，奉行防御性国防政策，从未挑战谁，更没有威胁谁。中国加强国防和军队建设是为了捍卫国家主权、安全、发展利益，正当合理、无可非议。当前，东海、南海局势总体保持稳定。钓鱼岛及其附属岛屿自古以来就是中国固有领土，中国公务船在钓鱼岛海域巡航是依法行使主权的正当举措。日本不是南海当事国，应停止搅局滋事、制造对抗。中国同有关国家开展联合巡航等军事合作符合国际法和国际惯例。日方拿中国正常军力建设说事，渲染所谓中方"靠力量单方面改变现状的企图和活动愈发活跃"，是编造"中国军事威胁"谎言的又一次拙劣表演，是在刻意挑动地区紧张局势。在东海，100 多年来多次企图改变钓鱼岛现状的不是别人，正是日本自己。在亚太，真正威胁地区和平稳定、企图单方面改变现状的国家，是个别为了一己私利，频繁派遣舰机赴相关海域炫耀武力的域外国家。

台湾是中国领土，台湾问题纯属中国内政，不容任何外部势力干涉。一个中

国原则事关中日关系政治基础，是不可逾越的底线。日方在台湾问题上对中国人民负有严重历史罪责，近年来不但不反躬自省，反而不断在台湾问题上出现违背承诺，虚化、掏空一个中国原则的言行和倾向。从炒作"台湾有事就是日本有事"，到最近日本高官声称"日本很有可能向台湾提供防卫装备支持或后勤支持"，日方罔顾国际关系基本准则和中日四个政治文件的原则，粗暴干涉中国内政，损害中日关系政治基础。日方言行加剧台海地区局势紧张，是完全错误和非常危险的。

日本将中国定位为"前所未有的最大战略挑战"，暴露出日方错误的对华认知。如果基于这样一种错误认知，日本对华政策将被引入歧途。"双方确认，两国互为合作伙伴，互不构成威胁。"这一共识明确写入中日第四个政治文件，应当成为双方相互认知的基础。中国对日政策保持连续性和稳定性，从未将日方视作威胁，同样反对任何充斥偏见和敌意的"中国威胁论"。一段时期以来，日方在涉华问题上消极动作不断，给两国关系造成严重干扰。日方只有从思想根源上摒弃以邻为壑的零和对抗思维，树立正确的对华认知，才能以实际行动推动双边关系回到正确轨道。

日方渲染所谓"中国威胁"，真正企图是为自身武力扩张找借口。日方嘴上说的是"走和平国家的道路""尊重法治""任何争端都应通过和平和外交方式解决"，做的却是破坏战后国际秩序、图谋军事扩张的另一套。通过新版《国家安全保障战略》《国家防卫战略》《防卫力量整备计划》，大幅增加防卫开支，鼓吹发展所谓"反击能力"……日方近年来不断违背"和平宪法"宗旨和"专守防卫"原则，在军事扩张的道路上越走越远。日方还追随美国错误对华政策，配合美方在涉及中方核心利益问题上挑衅滋事，不顾地区国家反对，推动北约东进亚太，执意把地区国家置于大国博弈和阵营对抗的危险前沿，这一举动引起国际社会严重关切和高度警惕。

日方任何渲染所谓"中国威胁"的伎俩、寻求军事扩张的借口，都不可能瞒天过海、蛊惑世人。日本要成为正常国家，真正应该做的是正视和反省侵略历史，停止干涉中国内政，停止损害中国利益，放弃通过渲染周边威胁、服务自身军事松绑的企图，切实以负责任态度和实际行动取信于亚洲邻国和国际社会。

2023 年 8 月 2 日第 15 版

任何报告都无法"洗白"排海错误决定
——日方强推核污染水排海极端不负责任①

日方早已预设核污染水排海的结果，邀请国际原子能机构评估不过是为了"装点门面"、混淆视听。机构报告存在局限性和片面性，日方不应也不能将报告当作排海的"通行证"

在国际原子能机构（以下简称"机构"）发布日本福岛核污染水处置综合评估报告后，日本原子能规制委员会迅速将福岛核污染水排海设施验收"合格证"交给东京电力公司。日本政府近日再次声称，今年夏天开始将福岛核污染水排入海洋的计划"没有改变"。种种迹象表明，日方正企图将机构报告当作启动排海的"通行证"，"洗白"其核污染水排海的错误决定。

日方的做法完全是自欺欺人。对于机构报告出炉过程，日方应该十分清楚。日方在2021年4月单方面宣布核污染水排海计划后才邀请机构开展有关评估审查，并将授权范围限定于评估排海方案。机构总干事在报告前言中也确认了这一点。这充分说明，日方早已预设核污染水排海的结果，邀请机构评估不过是为了"装点门面"、混淆视听。

机构报告没有消除国际社会对日方强推核污染水排海的疑虑，反而引起了更多质疑。因授权所限，机构仅对日方单方面提供的数据和信息开展审查评估，仅对日方单方面采集的少量核污染水样本开展实验室间比对分析，并没有审查日方排海方案的正当合法性，没有评估日方净化装置的长期有效性，没有确证日方核污染水数据的真实准确性，更没有对可替代方案进行充分验证。核污染水取样代表性严重不足，相关结论存在局限性和片面性。机构报告明确表示，机构既没有建议日方采用排海方案，也没有为日方排海方案背书。日方不应也不能将机构报告当作排海的"通行证"。

机构评估审查的是经日方"多核素处理系统"处理后的核污染水的安全性，但其报告根本无法保证日方核污染水净化装置的可靠性和长期有效性。作为日方处理核污染水关键设施的"多核素处理系统"早在 2013 年就开始试运行，直到 2022 年 3 月才获日本原子能规制委员会"检查合格"。"多核素处理系统"运行期间不断出现问题，2016 年被发现有 4 处漏水，2018 年所谓的"处理水"中锶等放射性物质被曝超标，2021 年用于吸附排气中放射性物质的滤网近半数出现损坏……可见，"多核素处理系统"技术上不成熟，安全性存疑。日方核污染水排海过程将持续 30 年乃至更久，设备不断腐蚀老化将进一步加剧核污染水排放的未达标程度。

日方将机构报告作为权威更是大错特错。事实上，机构规约并没有赋予机构决定放射性物质处置的权力。对日方核污染水排海方案的审查评估由机构总干事任命的技术工作组完成，但评估报告并未能充分反映所有参加评估工作专家的意见，有关结论未获各方专家一致认可。机构秘书处在就报告草案征求技术工作组专家意见时留的时间窗口非常有限，秘书处在收到意见反馈后也没有再次就报告修改及意见采纳情况进行讨论，就仓促发布了报告。另据韩国媒体报道，匿名知情人士称日本政府提前获得了机构最终评估报告草案，并提出实质性修改意见，对最终报告结论施加了不当影响。这进一步加剧了国际社会对日本核污染水排海的担忧，也引起了人们对机构报告结论是否公正客观的质疑。

福岛核事故污染水处置问题事关亚太地区和全球生态环境安全，事关各国人民生命健康。核污染水排海没有先例，没有也不应有"通行证"。日方与其费尽心机强拉机构报告为其背书，不如正视国际社会和国内民众关切，停止强推排海计划，切实以科学、安全、透明的方式处置核污染水，并接受严格的国际监督。

2023 年 7 月 21 日第 3 版

强加核污染风险足见自私和傲慢
——日方强推核污染水排海极端不负责任②

在核污染水处置问题上，日方应正视国际社会的合理关切，本着对全球海洋环境和公众健康负责任的态度，同包括周边邻国在内的利益攸关方开展充分、有意义的协商。日方继续强推核污染水排海，只会激起更强烈的反对

日本福岛核污染水达 130 多万吨，含有 60 多种放射性核素，排海时间将长达 30 年甚至更久。核污染水一旦入海，所包含的放射性核素将传播至海洋的每一个角落。很显然，福岛核污染水处置问题关乎全球海洋环境和公众健康，绝不是日本一家的私事。在所有利益攸关方和国际社会关切得到妥善解决之前，日方不应启动核污染水排海。然而，日方过去两年多来一意孤行，单方面强推核污染水排海，试图将不可预测的风险强加给国际社会，将其自私和傲慢表现得淋漓尽致。

日本福岛核污染水排海理应充分征求包括邻国在内的利益攸关方意见。《联合国海洋法公约》明确规定，各国一旦获知海洋环境有遭受污染的迫切风险，应立即通知其他国家和主管国际组织，尽可能合作以消除污染影响并防止或尽量减少损害。作为《联合国海洋法公约》的缔约方和污染海洋环境的责任方，日方应与周边国家和国际社会进行不预设前提的协商，与各方合作探讨稳妥安全的核污染水处理方案。任何强推核污染水排海计划的行径，都与《联合国海洋法公约》原则背道而驰。

日方不但没有同国际社会特别是利益攸关方充分协商，还冒天下之大不韪强推核污染水排海计划。日本政府 2021 年 4 月单方面宣布要将福岛核污染水排海，2022 年 7 月又不顾国际社会特别是邻国等利益攸关方强烈反对正式批

准排海方案，加速推进排海工程建设等准备工作。今年3月，日方公然宣称今年春夏季将福岛核污染水排放入海"无法推迟"；今年6月，日本政府不顾各方强烈反对，试运行核污染水排海设施，朝着单方面强行向海洋排放核污染水又迈进了一步；今年7月，日方一再声称"福岛核污染水将在今年夏季启动排放，这一计划没有改变"。日本政府两年多来的言行充分表明，日方一直在要求国际社会接受其预设的排海结果，毫无协商的诚意。

日本政府及东京电力公司曾经做出得不到相关方理解不会启动核污染水排海的承诺，但却一步步背离承诺。日方的言行，已经耗尽其国内民众和邻国等利益攸关方的耐心。太平洋岛国论坛秘书长普那表示，日本政府承诺在处置核污染水方面和太平洋岛国保持沟通，并提供所有独立的、可核实的科学证据，但令人遗憾的是日本政府没有合作，他们打算做的事情与之前的承诺背道而驰。太平洋岛国提出，关于日本核污染水排海计划的国际协商不应局限于国际原子能机构，也应通过《联合国海洋法公约》《伦敦倾废公约》等平台开展磋商。这一诉求值得国际社会高度重视。

尽管日方迫于国内外压力请求国际原子能机构开展审查评估，但并没有体现出对机构的尊重。日方早已预设核污染水排海结果，其排海计划一直走在机构审查评估的前面。去年7月日方正式批准核污染水排海方案，是在机构技术工作组仍在开展审查评估的情况下悍然做出的决定；今年1月，日方又在机构技术工作组赴日考察评估前夕高调宣布将于今年春夏季启动排海。日方还对机构审查评估的授权范围进行了苛刻限制，导致机构发布的日本福岛核污染水处置综合评估报告结论存在局限性和片面性。这种我行我素的举动让世界看清：日方只顾按单方面计划推进排海，根本不尊重机构及技术工作组的权威。

日方在核污染水处置问题上不但不遵循善意协商原则，还倒打一耙，宣称中方一再拒绝日方提议两国开展基于科学的专家对话。这说明，日方根本没有反思强推核污染水排海的错误决策。日方应该扪心自问：在其预设排海结果的前提下，对话协商有何意义？如果日方真有协商的诚意，就应该宣布暂停启动排海，允许邻国等利益攸关方对核污染水进行独立采样分析，同意探讨除排海以外所有可能的处置方案。

在核污染水处置问题上，日方应正视国际社会的合理关切，本着对全球海洋环境和公众健康负责任的态度，同包括周边邻国在内的利益攸关方开展充分、有意义的协商。日方继续强推核污染水排海，只会激起更强烈的反对。

2023 年 7 月 27 日第 17 版

文过饰非，消除不了核污染水排海之害
——日方强推核污染水排海极端不负责任③

日方热衷于文过饰非，妄图通过在国内外掀起密集公关攻势，营造核污染水排海安全无害的假象。这种做法将其不关心全球海洋环境和公众健康、只关心自己利益的私心暴露无遗

日本核污染水排海计划的正当性、合法性和安全性一直受到国际质疑，日本国内和周边邻国的抗议此起彼伏，国际社会的反对之声不断。日方本应认真回应国际社会关切，尽一切努力以科学、安全、透明的方式处置核污染水。然而，日方却热衷于文过饰非，妄图通过在国内外掀起密集公关攻势，营造核污染水排海安全无害的假象。这种做法将其不关心全球海洋环境和公众健康、只关心自己利益的私心暴露无遗。

日方强推核污染水排海计划，从一开始就伴随着周密策划的公关攻势。日本复兴厅设立于2012年，是负责灾区重建工作的，但该机构每年都专门划拨公关经费，用于向人们灌输福岛核事故影响已经消除的信息。2021年4月13日，在日本政府单方面决定将核污染水排海的当天，复兴厅就将提前制作好的宣传海报和视频在其官网上发布，企图通过将核污染水中无法消除的放射性元素包装成吉祥物形象"赢得好感"。此举引发日本民众和国际社会的严重不满。福岛县民众愤慨地指出，"（这些宣传）与福岛所面临的严峻现实完全错位"。最终，复兴厅不得不撤下相关产品。

两年多来，日方不但没有吸取教训，反而继续围绕核污染水的所谓安全性向民众开展一轮轮的宣传行动。许多日本报纸、电视台等大量刊登和播放关于核污染水所谓安全性的广告，扰乱、掩盖民众的担忧和反对之声。日本政府还反复将经过"多核素处理系统"处理但仍含有许多放射性核素的核污染水称为"处理水",妄图淡化其污染特性和潜在危害。日本政府还设立总额达800亿日元(约合40亿元人民币)的专项基金,计划对受核污染水排海影响地区的涉渔产业提供"补偿",企图以所谓"补偿费"来息事宁人。这是日方掩盖核污染水排海危害的又一明证。

日方还加大对部分国家、国际机构和组织的公关力度,试图拉拢各方为其核污染水排海计划背书。今年4月,在七国集团气候、能源和环境部长会议新闻发布会上,日本经济产业大臣西村康稔称,福岛核电站退役工作包括核污染水排海方面的稳步进展将受到欢迎,德国环境、自然保护、核安全和消费者保护部部长莱姆克当场反驳,表示"我们无法对核污水排海持欢迎意见"。日本政府还利用北约峰会、东亚合作系列外长会、东加勒比渔业部长会议等场合,为福岛核污染水排海计划辩解。

无论是在国内大搞舆论攻势,还是在国际上进行游说拉拢,日方的力气都用错了地方。有关各方强烈反对日方将核污染水排海,要求日方停止强推核污染水排海计划,以真诚态度同包括周边邻国在内的利益攸关方充分沟通,切实以负责任方式处置核污染水,并接受严格国际监督。但迄今为止,日方一意孤行推进核污染水排海计划,不但没有充分研究论证其他处置方案,也没有认真回应国际社会关切,其自私自利做法令国际社会失望。

无论是在国内大搞舆论攻势,还是在国际上进行游说拉拢,日方的小动作都无法消除国内民众和国际社会对核污染水排海的疑虑。日本渔民近期一再重申反对核污染水排海的立场,韩国在野党也通过信函表达了韩国民众对排海计划的担忧和反对立场。不少国家民众在日本驻菲律宾、纽约、悉尼等地使领馆前举行抗议活动,要求日方停止核污染水排海计划。因为人们十分清楚,日方的排海计划一旦实施,将把不可预测的核污染风险强加给国际社会。

向海洋排放核污染水,是危害人类的冒险赌博。日方应正视国际社会关切,实实在在负起应尽的道义责任和国际法义务,寻找核污染水的妥善处置办法。在没有解决国际社会对核污染水排海方案正当性、数据可靠性、净化装置有效性、环境影响不确定性等关切之前,日方不应擅自启动核污染水排海。

2023年8月11日第3版

启动排海，日方将自己置于国际被告席

——日方强推核污染水排海极端不负责任④

日方单方面强行启动福岛核污染水排海，严重危害全球海洋环境和世界人民健康权利，严重背离最基本的国际道义，严重违背国际法义务，充分暴露日方的自私和傲慢，必将成为日方长期难以抹去的一大污点

8月24日，日本政府无视国际社会的强烈质疑和反对，单方面强行启动福岛核污染水排海。日方公然向全世界转嫁核污染风险，将一己私利凌驾于地区和世界各国民众长远福祉之上，不仅充分暴露其自私和傲慢，也将自己置于国际被告席，必将长期受到国际社会谴责。

日方单方面强行启动福岛核污染水排海，严重危害全球海洋环境和世界人民健康权利。海洋是全人类赖以生存的蓝色家园。日方单方面强行启动福岛核污染水排海，无疑是在拿全球海洋环境和全人类健康当赌注。两年多来，福岛核污染水排海计划的正当性、合法性、安全性一直备受国际社会质疑。日方迄今没有解决国际社会关于核污染水净化装置的长期可靠性、核污染水数据的真实准确性、排海监测安排的有效性等重大关切，却处心积虑营造排海安全无害的假象，甚至对表达正当关切的邻国无理指责，足见其十分自私、傲慢。日方单方面强行启动福岛核污染水排海，给自己贴上了永远扯不下的"生态环境破坏者""全球海洋污染者"标签。

日方单方面强行启动福岛核污染水排海，严重背离最基本的国际道义。处置福岛核污染水，必须本着对全人类高度负责的态度和精神。日方做法完全与此背道而驰。国际社会清清楚楚看到，日方没有穷尽安全处置手段，从未严肃对待国内外质疑和反对，从未以真诚态度同周边邻国善意沟通。日方出于经济成本考虑选择排海方案，将给邻国及全世界带来不必要的风险。12 年前发生的福岛核事故已经造成严重灾难，向海洋释放了大量的放射性物质。日方不应出于一己私利，给当地民众乃至世界人民造成二次伤害。日方单方面强行启动福岛核污染水排海，以损害国际社会共同利益为代价换取本国短期私利，尽显不仁不义，必将成为日方长期难以抹去的一大污点。

日方单方面强行启动福岛核污染水排海，严重违背国际法义务。根据一般国际法和《联合国海洋法公约》等规定，日方有义务采取一切措施避免环境污染，有义务通知并与可能受影响的国家充分协商，有义务评估和监测环境影响，有义务采取预防措施确保危险最小化，有义务保障信息透明，有义务开展国际合作。日方无论如何粉饰，都改变不了强行排海违背国际法义务的事实。近来，日方频频拿国际原子能机构发布的日本福岛核污染水处置综合评估报告说事，企图将该报告当作启动核污染水排海的"通行证"。众所周知，从职能授权来说，国际原子能机构是促进安全、可靠、和平利用核技术的国际机构，并非评估核污染水对海洋环境和生物健康长远影响的合适机构。更何况，日方从一开始就限制了国际原子能机构工作组授权，不接受评估其他处置方案，不评估核污染水净化装置的有效性和可靠性。在这种情况下，国际原子能机构有关报告证明不了日方核污染水排海的正当性、合法性，也免除不了日方应承担的道义责任和国际法义务。日方到处拿该报告混淆视听，进一步暴露其心虚和伪善。

海洋是全人类的共同财产，日方单方面强行启动福岛核污染水排海，属无视国际公共利益的极端自私和不负责任之举。日方应该明白的是，虚假宣传洗白不了其错误做法，损害国际社会共同利益必将付出代价。中国政府坚持人民至上，采取的维护食品安全和中国人民身体健康的措施是必要的、合理的。日方应尽早撤销错误决定，停止核污染水排海，以真诚态度同周边邻国善意沟通，以负责任方式加以处置，避免对全球海洋环境造成更多不可预测的破坏和危害。

2023 年 8 月 25 日第 16 版

言行相诡，信誉亏空只会越来越大

——日方强推核污染水排海极端不负责任⑤

福岛核污染水如果真的像日方宣扬的那样"安全可饮用"，日本政府也就没有必要冒天下之大不韪强行排入海洋了。日方公开宣扬的是核污染水排海安全无害，私底下干的却是隐瞒事故、数据造假、违背承诺等

日本政府近日无视国际社会强烈反对，罔顾本国和他国人民的健康权、发展权、环境权，强行启动福岛核污染水排海，在人类历史上开创了危险的先例。无论日方如何诡辩，都无法洗脱其破坏生态环境、污染全球海洋的罪责。

两年多来，福岛核污染水排海计划的正当性、合法性、安全性受到国际社会强烈质疑，但日方一直企图在全球制造核污染水排海安全无害的假象。就在日方单方面强行启动福岛核污染水排海当天，日本媒体报道了日本政府计划花费 700 亿日元（约合 4.8 亿美元）处理涉福岛核污染水负面信息的新闻，这表明日方仍在自欺欺人。福岛核污染水如果真的像日方宣扬的那样"安全可饮用"，日本政府也就没有必要冒天下之大不韪强行排入海洋了。日方公开宣扬的是核污染水排海安全无害，私底下干的却是隐瞒事故、数据造假、违背承诺等。日方如此言行相诡，信誉亏空只会越来越大。

日方在一意孤行推动核污染水排海过程中，故意掩盖了这样一个事实：日方根本没有能力确保核污染水排海的安全性。据日本媒体日前报道，今年6月从福岛第一核电站环绕核污染水储罐的围堤内积水中，检出了活度高于正常值的放射性物质，但东京电力公司直到最近才公布调查结果称，用于输送核污染水的软管上有龟裂，导致核污染水发生外泄。这再次印证了各方对日方核污染水处置能力的质疑。日方连储存核污染水都会一再出现纰漏，如何确保在长达几十年的时间内将超过 130 万吨核污染水排海的安全性？

负责核污染水排海的东京电力公司有长期隐瞒不报、篡改数据的"黑历史"。据报道，东电曾于 2007 年承认，自 1977 年起在福岛第一、第二核电站等 199 次例行检查中篡改检测数据，甚至隐瞒严重的核反应堆事故。2011 年 6 月以后，东电曾长期声称没有新的核污染水排入海洋。然而，随着 2013 年一系列核污染水泄漏事件曝光，东电当年 7 月终于承认有高浓度核污染水泄漏入海。2015 年 2 月，东电再次被曝隐瞒实情，公司在 2014 年 4 月即知晓有高浓度放射性核污染水从排水沟持续排入大海，却一直未予公布，也未采取任何补救措施。日本媒体人士表示，东京电力公司在核事故处理及核污染水排放中，习惯于隐瞒实情甚至释放虚假信息。日本政府在核电站运营安全监督核查方面也存在信任赤字。早在 2011 年，联合国有关机构的一份报告就显示，日本在核安全方面存在监管不力、准备不足等缺陷。日方如此不负责任，如何确保以科学、安全、透明的方式处置核污染水？

福岛核污染水含有几十种放射性核素，很多核素尚无有效的处理技术，部分长寿命的核素可能随洋流扩散并形成生物富集效应，给海洋环境和人体健康造成潜在危害。自 2013 年开始试运行以来，日方处理核污染水的关键设施"多核素处理系统"不断出现问题，有效性和长期可靠性没有经过第三方认证，无法确保经处理的核污染水达到排放标准。韩国市民团体"环境运动联合"的舆论调查显示，关于日本政府主张的经过"处理"的核污染水的安全性，79% 的受访者表示"不可信"。各方的担心有充分的事实依据。

2015 年，日本政府在给福岛县渔业联合会的书面文件当中郑重承诺，没有得到利益攸关方的理解前，不会对核污染水采取任何处置措施。日本政府没有同包括周边邻国在内的利益攸关方开展充分、有意义的协商，在各方强烈反对的情况下仍单方面强行启动福岛核污染水排海，这种说一套、做一套的行径根本无法取信于人。

日本古语说：信为万事之本。但在核污染水处置问题上，日方所谓的信誉早已成筛子，处处是漏洞。对于言行相诡、毫无诚信可言的日方，国际社会必须敦促其纠正错误决定，停止核污染水排海，以真诚态度同周边邻国善意沟通，以负责任方式处置核污染水，接受严格国际监督。

2023 年 8 月 28 日第 17 版

日方应严肃回应国际社会关切
——日方强推核污染水排海极端不负责任⑥

有关核污染水排海的诸多疑问，拷问的是日本的国家责任、国家信用、国家良心

日本福岛核污染水处置是重大的核安全问题，具有跨国界影响，绝不是日本一家的私事。日本政府无视国际社会强烈反对，单方面强行启动福岛核污染水排海，并妄图通过在国内外密集公关，误导公众和国际舆论，营造核污染水排海安全无害的假象。日方还把自己伪装成受害者，无理指责其他国家合理质疑，甚至称其他国家采取的正当、合理、必要的进口管制措施"完全不可接受"。日方的傲慢态度，只会进一步暴露其自私本质。国际社会对日方排海计划的很多疑问远未得到解决，日方理应作出严肃回应和充分说明。

日方为什么不在本国境内处置核污染水？因为海啸涌入的海水、向堆芯注入的冷却水以及流经反应堆的地下水和雨水等受到污染后，形成核污染水，含有多达几十种放射性核素。其中，很多核素尚无有效处理技术，一旦随洋流扩散，将给海域生态平衡和海洋环境带来不确定影响。如果排放入海的所谓"处理水"真的安全无害，日方为什么不在本国境内处置，而是选择一排了之？日本官员日前对福岛核污染水使用"污染水"被责成立即撤回并道歉，再次印证了日本政府的心虚。

日方向海洋排放核污染水是最佳方案吗？根据国际辐射防护的正当性基本原则，产生辐射风险的活动必须产生整体效益，收益大于风险。日方单方面选择的排海方案与之背道而驰。排海绝非处置福岛核污染水的唯一选项。日本政府曾讨论地层注入、海洋排放、蒸汽排放、氢气排放和地下掩埋5种处置方案，许多专家还提出新建储罐长期储存、水泥固化等其他处置方案。日方未穷尽讨论所有可能的处置方案，顽固地选择经济代价最小的排海方案，完全是出于狭隘的利益考量。

日方对核污染水的净化处置是否有效可靠？日方"多核素处理系统"的历史运行情况表明，其无法有效清除氚、碳—14等放射性核素，能否有效去除其他放射性核素也有待进一步试验和工程验证。日方今年3月发布的数据显示，近70%处理后的核污染水放射性核素活度浓度超过排放限值。除130多万吨待排放核污染水外，福岛核电站未来还将产生大量核污染水。日方使用这样的装置处理核污染水，且排放时间将长达30年甚至更久，国际社会有充分理由表达担忧和不满。

日方向海洋排放核污染水是否合法？根据一般国际法和《联合国海洋法公约》等规定，日方有义务采取一切措施避免环境污染，有义务通知并与可能受影响的国家充分协商，有义务评估和监测环境影响，有义务采取预防措施确保危险最小化，有义务保障信息透明，有义务开展国际合作。1972年《伦敦倾废公约》禁止通过海上人工构筑物向海洋倾倒放射性废物。无论日方如何粉饰，都改变不了其行为违背国际法义务这一事实。

日方为何刻意混淆核事故污染水与世界各国核电站正常运行产生的废水？福岛核污染水曾流经熔融的反应堆芯，包含熔融堆芯中存在的各种放射性核素。核电站正常运行产生的废水不仅不流经堆芯，还严格遵守国际通行标准，采用最佳可行技术处理、经严格监测达标后有组织排放，排放量远低于规定的控制值。日方有意混淆视听，对国际社会的正当关切百般诋毁，完全不是负责任国家所为。

日方是否建立了完善的核污染水排海长期监测机制？自福岛核事故发生以来，东京电力公司的善后处理工作漏洞百出，曾多次被曝出隐瞒、篡改数据，其处置核污染水的能力令人怀疑。日方声称"接受国际原子能机构监测并发布监测结果"，但当前的核污染水排海监测安排能否第一时间判断排放合格，不达标的核污染水是否会直接排入海洋，国际社会不得而知。日方应配合国际原子能机构尽快建立独立有效、有日本邻国等第三方实验室充分参与的长期监测国际机制，并全面配合国际原子能机构主导的长期监测国际机制和后续审查评估任务，及时透明向邻国等利益攸关国家公布可信数据信息并接受监督质询。

诸多疑问，拷问的是日本的国家责任、国家信用、国家良心。日方将核污染水排海，是将风险转嫁给全世界。日方应停止核污染水排海，全面回应国际社会关切，以真诚态度同周边邻国充分沟通，确保核污染水得到科学、安全、透明的处置。

2023 年 9 月 8 日第 17 版

捌

基于"小圈子"搞集团政治没有未来

基于"小圈子"搞集团政治没有未来

当今世界面临诸多全球性挑战，需要国际社会携手应对，共同采取负责任行动。然而，作为"富人俱乐部"的七国集团，心思并不在与各方同舟共济、共渡难关上。从七国集团近期一系列部长级会议以及美日媒体提前释放的信息看，即将在日本广岛举行的七国集团峰会跳不出挑动阵营对立的冷战思维，改不了大国富国霸凌欺压小国弱国的行事方式，摆脱不了非常浓厚的美式霸权"小圈子"色彩。

近年来，七国集团存在的必要性受到越来越多质疑。尽管七国集团仍旧习惯于摆出一副代表国际社会的架势，但其人口只占世界总人口的 1/10 左右，经济总量在世界经济中所占份额不断下降。随着国际格局深刻调整，七国集团全球影响力持续下降的态势难以改变。七国集团想向全球强推其价值观和标准，完全没有道义基础和现实支撑。美国治理乱象迭出，政治极化、社会撕裂、枪支暴力、贫富差距等痼疾加重，美式民主和人权让人大跌眼镜；日本不但一再突破"专守防卫"原则，背离日本宪法的和平理念，还违背国际法义务强推核污染水排海计划；加拿大原住民寄宿学校丑闻不断发酵……德国柏林普鲁士协会名誉主席福尔克尔·恰普克犀利指出，从全球视角来看，七国集团是一个旧时代的集团。

面对影响力下降危机，七国集团非但不反思自身问题，反而热衷于强刷存在感，附和炒作美国为打压他国而制造的种种议题，给世界增添分裂和对立。从炒作所谓"基于规则的国际秩序"，到宣称要维护所谓"基于法治的国际秩序"，七国集团越来越顺从于美国的"家法帮规"，屡屡以维护国际秩序之名行破坏国际秩序之实。七国集团还配合美国编织所谓"民主对抗威权"虚假叙事，妄图在全球煽动意识形态对立，引发国际社会普遍反感。据日本媒体透露，今年七国集团峰会为了增加对发展中国家的吸引力，将有意减少宣扬西方价值观。然而，这只会让更多人看清七国集团的投机与虚伪。事实上，无论是在维护民主人权方面，还是在支持发展中国家发展方面，七国集团都远没有其所宣称的那样"坚定不移"。七国集团在意的，只是维持自身在国际体系中的优势地位，而不是为世界和平发展承担责任、作出贡献。

在世界经济下行压力增大之际，今年的七国集团峰会抛出了一个冠冕堂皇的议题——"经济安保"。从媒体报道分析看，所谓"经济安保"无非是要继续把经济问题泛安全化、意识形态化、武器化，打着"安全"的幌子推进"小院高墙""脱钩断链"，根本目的是为了维护自身优势，千方百计遏制打压别国正常发展。近日，美国总统表示可能因国内债务上限问题而无法参加七国集团峰会。美国国内政治极化、党派纷争、银行不断倒闭给全球经济金融安全带来严重风险，这才是七国集团所谓"经济安保"真正需要关注的。在事关世界经济、全球发展的重大议题上，七国集团表现得无力、无能，不仅经常口惠而实不至，反倒把心思用在试图垄断发展权利、给他国发展使绊上，大搞"经济胁迫"，只能让其在国际社会更加不受待见。

近年来，美国抱持冷战思维，沉迷于拉帮结派、挑动阵营对立，七国集团中部分国家投美国所好、唯美国马首是瞻，导致其日益沦为美国打压异己的工具。今年以来，七国集团在一系列议题上的表现具有明显的"美国制造"痕迹：在乌克兰危机问题上拱火助战，强化单边制裁；在亚太制造风浪，大肆干涉他国内政；在军控问题上，对他国说三道四，自身却公然破坏国际核裁军与核不扩散体系……如此种种，让七国集团站到国际公平正义的对立面。

一国或一个国家集团号令天下的时代已经过去了。一个团结而非分裂、和平而非动荡的世界符合全人类共同利益。七国集团的未来在于与国际社会携手，共同应对全球性挑战，共促和平发展。沉迷于搞"小圈子"，七国集团的影响力只会更趋式微。

2023 年 5 月 13 日第 3 版

做经济胁迫的同谋和帮凶害人害己

在美国及其他个别成员的裹挟怂恿下，七国集团一再粗暴干涉中国内政，对中国妄加指责，渗透出浓重的冷战思维和意识形态偏见。七国集团所谓维护国际秩序极其虚伪，其本身就是国际秩序的破坏者

据报道，即将在日本广岛举行的七国集团峰会可能将对中国施压列为中心议题之一，以要求中国"遵守规则""采取负责任的行动"等为名，对中国进行抹黑攻击。近两年来，在美国及其他个别成员的裹挟怂恿下，七国集团一再粗暴干涉中国内政，对中国妄加指责，渗透出浓重的冷战思维和意识形态偏见。

美国执意将中国作为"假想敌"进行遏制打压，拉拢盟友对中国搞围堵是其公开宣称的战略目标。去年6月，七国集团罔顾中方严正立场和坚决反对，在峰会公报中14处提及中国，对香港、新疆、人权、东海、南海以及台海和平稳定等说三道四，粗暴干涉中国内政，鼓吹"民主对抗威权"虚假叙事，煽动对抗情绪。作为今年的七国集团轮值主席国，日本利用美国错误对华政策搞投机、谋私利，为美国将一系列遏华议题塞进七国集团议程提供了便利。七国集团外长会议大肆炒作一系列涉华议题，再次粗暴干涉中国内政、恶意污蔑抹黑中国，贸易部长会议等也传递出针对中国的信号。影响力日渐式微的七国集团，已沦为美国的霸权仆从，只能靠炒作中国议题刷存在感。

七国集团宣称要维护所谓"基于法治的国际秩序"，却公然挑战战后国际秩序的核心。举世皆知，台湾回归中国是战后国际秩序的重要组成部分，《开罗宣言》《波茨坦公告》就此作出了明确规定。任何真心致力于维护国际秩序的国家，都应切实恪守一个中国原则，坚决反对一切"台独"行径。七国集团把《开罗宣言》《波茨坦公告》抛诸脑后，把中方反对"台独"分裂说成是"改

变台海现状"。这一纵容"台独"分裂活动的行为，是对国际社会公认的战后国际秩序的赤裸裸挑战。这充分说明，七国集团所谓维护国际秩序极其虚伪，其本身就是国际秩序的破坏者。

七国集团宣称要共同应对"经济胁迫"，却对美国在世界上大搞经济胁迫不闻不问。长期以来，美国倚仗其经济实力和金融霸权，对他国滥施非法单边制裁。据媒体报道，从2000年到2021年，美国对外制裁增加933%。截至2021财年，美国已生效的制裁措施累计达9400多项。美国对世界上近40个国家实施过单边经济制裁，全球近一半人口受到影响。即使是七国集团其他成员，在美国的经济胁迫和霸凌面前也难以幸免，日本东芝、德国西门子、法国阿尔斯通等企业，都曾是美国打压的对象。中国是美国经济胁迫的受害者，一贯坚决反对其他国家搞经济胁迫。如果七国集团峰会要把应对"经济胁迫"列入议程，首先应讨论和谴责美国的经济胁迫行径，而不是做经济胁迫的同谋和帮凶。

七国集团宣称要讨论所谓"经济安保"议题，却姑息甚至助长美国搞"脱钩断链"，给世界经济复苏增添风险。在七国集团财长会议期间，美方声称正在考虑进一步限制美国企业对华投资，并公然表示要"与盟友和伙伴认真讨论此事"，流露出进一步升级其经济霸凌行径的意图。近年来，美国一再泛化国家安全概念，滥用出口管制措施，变本加厉限制本国企业同中国的正常经贸合作，影响企业正常经营决策，并鼓动乃至胁迫盟友复制其做法，严重违背市场经济和公平竞争原则，破坏国际经贸秩序，扰乱全球产业链供应链稳定。七国集团如果给美国迟滞他国发展的经济霸凌行径开绿灯，不仅会沦为全球发展的破坏性力量，也将伤害自身的经济复苏之路。

大国当有大国的样子。七国集团作为"富国俱乐部"却为富不仁，早已引发国际社会不满，每年举办峰会都会引发强烈抗议。去年，一幅抗议海报将扭曲变形的地球嵌入字母G，寓意"世界在七国集团的干预下日益变得扭曲和不正常"。这是对七国集团如今所扮演的全球破坏性角色的真实反映。七国集团应该明白，搞封闭排他的"小圈子"，遏制打压他国、挑动阵营对立，有悖开放包容的时代大势，害人者终将害己。

2023年5月17日第15版

霸权"小圈子"破坏国际秩序、践踏公平正义

七国集团应该反躬自省，而不是继续肆意妄为。只有停止搞封闭排他的"小圈子"，停止遏制打压他国，停止挑动阵营对抗，回到对话合作的正确道路上来，七国集团才能避免成为世界和平、稳定、发展的绊脚石，才能避免被时代大潮淘汰

5月21日，七国集团广岛峰会在一片抗议声中闭幕。七国集团嘴上喊着"迈向和平、稳定、繁荣世界""维护基于法治的国际秩序"，但广岛峰会在应对全球性挑战方面缺少行动，却在干涉别国内政方面肆意妄为，在挑动分裂对抗方面有增无减。峰会发表联合声明等文件，炒作一系列涉华议题，肆意抹黑攻击中国，粗暴干涉中国内政，赤裸裸挑战战后国际秩序，严重违背国际关系基本准则，充分说明七国集团已经成为美国霸权的私器，西方"小圈子"正在成为世界和平稳定的风险源、国际秩序的破坏者。

七国集团在台湾问题上的错误言论，是其挑战战后国际秩序的明证。台湾是中国的台湾，解决台湾问题是中国人自己的事，要由中国人来决定。一个中国原则是维护台海和平稳定的定海神针。七国集团在乌克兰问题上大谈要尊重别国主权和领土完整，在台湾问题上却只谈要维护台海和平，绝口不提反对"台独"，这是赤裸裸的"双标"，是对"台独"势力的纵容支持，其结果只会玩火自焚。近年来，美国不断在台湾问题上"切香肠"，歪曲、篡改、虚化、掏空一个中国原则，美国高官甚至声称台湾问题不是中国内政。此次七国集团峰会配合宣扬台湾问题对国际社会安全与繁荣有重要影响。这充分说明，七国集团正在沦为"以台制华"的帮凶，似乎要选择站在战后国际秩序的对立面。

七国集团在东海、南海、涉港、涉疆、涉藏等问题上鹦鹉学舌，老调重弹，散布美国近年来处心积虑制造的种种谎言，并试图倒打一耙以所谓"经济胁迫"影射中国，根本目的是抹黑中国形象，兜售"中国威胁论"。七国集团成员自身治理乱象不断、人权劣迹斑斑，却一再打着民主、人权的旗号，在涉港、涉疆、涉藏问题上干涉中国内政，尽显虚伪霸道。当前东海、南海局势总体保持稳定，七国集团利用涉海问题挑拨地区国家关系，才是在给东海、南海稳定制造风险。美国大搞单边制裁、长臂管辖、"脱钩断链"，把经贸关系政治化、武器化，才是"经济胁迫"的源头和集大成者。七国集团甘做经济胁迫的同谋和帮凶，完全是为虎作伥。

广岛峰会发表的联合声明，处处透出美国霸权的影子。广岛峰会的政治闹剧表明，美国正把其反华遏华图谋变为七国集团的共识。面对霸权国家变本加厉以"小圈子"挑动阵营对抗、破坏国际秩序、危害和平稳定，国际社会正义力量保持着高度警惕。国际社会不接受七国集团主导的、以意识形态和价值观划线的"西方规则"，不接受服务于"美国第一"和少数国家既得利益的"小圈子规则"，更不接受西方"教师爷"般的说三道四、指手画脚。"七国集团已成为一个被美国操纵的'政治化团体'，代表不了全世界。七国集团做出的决定完全'政治化'，是以牺牲世界上其他国家的利益为代价，为美国谋取政治和经济利益""这样阻止其他国家发展的政治集团理应被历史淘汰"……这些正义声音表明了国际社会绝大多数国家对违背历史潮流的七国集团的真实态度。

七国集团峰会闭幕当天，联合国秘书长古特雷斯在广岛举行的一场新闻发布会颇为引人关注。古特雷斯细数了发展中国家面临的道德、权力和现实不公，并指出，"在一个多极化世界里，随着地缘政治分歧上升，数十亿人在食品、水、教育、医疗保健和工作等基本问题上苦苦挣扎，没有任何国家和国家集团应袖手旁观"，"在广岛，应该展示全球领导力和全球团结"。这些话代表了广大发展中国家对七国集团这一"富国俱乐部"的要求。然而，刻意拉拢发展中国家的七国集团不但充耳不闻、视若无睹、拒不回应，反而一意孤行破坏国际秩序、践踏公平正义，令广大发展中国家失望至极。美国政治学者帕拉格·康纳认为，七国集团已经不再胜任协调应对全球性问题，其峰会已经失去意义。

西方少数几个发达国家肆意干涉别国内政、操纵全球事务的时代已经一去不复返了。在国际社会特别是广大发展中国家战略自主意识不断上升的背景下，七国集团执意配合美国搞霸权霸道霸凌，只会让自己进一步陷入孤立状态。七国集团应该反躬自省，而不是继续肆意妄为。只有停止搞封闭排他的"小圈子"，停止遏制打压他国，停止挑动阵营对抗，回到对话合作的正确道路上来，七国集团才能避免成为世界和平、稳定、发展的绊脚石，才能避免被时代大潮淘汰。

2023 年 5 月 23 日第 17 版

发达国家需正视应对气候变化的责任

应对气候变化是人类共同的事业，国际社会应共同推动建立公平有效的全球应对气候变化机制。在气候变化问题上，如果抱着功利主义的思维，希望多占点便宜、少承担点责任，最终将是损人不利己

最近一段时间，全球多地遭遇极端天气。联合国秘书长古特雷斯警告："如果我们继续拖延所需采取的关键措施，我认为我们将步入一种灾难性局面。"然而，发达国家长期不正视其责任，迟迟不兑现有关承诺，导致当前气候议程"遭到破坏"，日益引起国际社会尤其是广大发展中国家的不满。

发达国家在气候变化问题上负有历史责任、法律义务和道义责任，发展中国家是气候变化问题最大的受害者。英国《自然·可持续发展》杂志不久前刊发由英国利兹大学等开展的最新研究显示，全球约90%的过量碳排放源自美国等发达国家。然而，发达国家只是不断高喊口号，同时向发展中国家转嫁其责任义务。这完全违背了《联合国气候变化框架公约》及其《巴黎协定》明确的共同但有区别的责任原则。巴西总统卢拉日前指出："在过去200年里，真正污染地球的是那些进行了工业革命的人，因此他们必须偿还他们对地球欠下的历史性债务。"

广大发展中国家并没有看到发达国家应对气候变化的足够诚意。气候融资是应对气候变化的关键。根据《联合国气候变化框架公约》及其《巴黎协定》的明确规定，发达国家负有明确的出资责任和义务，发展中国家是自愿出资。英国利兹大学等开展的最新研究显示，发达国家应向低碳排放国家支付总计170万亿美元的补偿金，以确保应对气候变化的相关目标可以实现。古特雷斯表示，到2030年，发展中国家在应对气候变化方面的资金需求将飙升至每

年3400亿美元。面对如此大的资金缺口，发达国家却连14年前作出的2020年前每年向发展中国家提供1000亿美元气候资金的承诺都未兑现，其承诺的全球适应资金翻倍的路线图仍不明朗。在日前举行的新全球融资契约峰会上，气候融资问题成为焦点。联合国气候变化迪拜大会候任主席苏尔坦表示，共同应对气候变化、推动世界可持续发展的资金缺口巨大，"仅靠创可贴和止痛片，不可能解决大手术才能解决的问题"。

近年来，一些发达国家气候政策出现倒退，化石能源消费和碳排放不减反增，影响全球气候治理进程。美国政府反复说要"透明""负责""尊重国际规则"，却一直缺少连续、一致、透明、负责任的应对气候变化政策，甚至未批准《京都议定书》，一度退出《巴黎协定》，成为全球气候治理的搅局者。美国还以推动本国能源转型为借口，通过各种不公平法案和行政举措，投入数千亿美元为本国制造业提供高额补贴，同时针对别国的绿色产业大搞贸易壁垒，掐断发展中国家获得绿色技术的路径。这些行为公然违反世贸组织规则，扰乱全球绿色产业链和供应链，破坏各国实现可持续发展目标的努力，与国际社会应对气候变化的集体努力背道而驰。

中国是生态文明的践行者，也是气候治理的行动派。中国宣布了碳达峰碳中和目标，将完成全球最高碳排放强度降幅，用全球历史上最短的时间实现从碳达峰到碳中和。中国稳步推进能源结构调整，风电、光伏装机量、发电量均居世界第一，新能源汽车产销量居全球之首。彭博社日前的报道指出，就对我们气候未来最重要的指标——采用清洁能源取代化石燃料的速度而言，中国正成为领导者之一。中国不仅自身坚持走绿色发展道路，还持续深化应对气候变化南南合作，在绿色"一带一路"和南南合作框架下，尽己所能为其他发展中国家应对气候变化提供支持和帮助。

应对气候变化是人类共同的事业，国际社会应共同推动建立公平有效的全球应对气候变化机制。在气候变化问题上，如果抱着功利主义的思维，希望多占点便宜、少承担点责任，最终将是损人不利己。发达国家应正视其历史责任，尽快兑现承诺，加大对发展中国家资金、技术和能力建设支持，与发展中国家携手推动全球气候治理取得实质性进展。

2023 年 7 月 13 日第 3 版

构筑"小北约式"三边同盟损害亚太和平稳定

美日韩三国领导人戴维营会晤向国际社会传递的真实信号是美国想在东北亚构筑"小北约式"三边同盟，把亚太推向"新冷战"

尽管美国领导人口口声声讲"和平"，但日前结束的美日韩三国领导人戴维营会晤，再次让国际社会清楚看到谁是亚太和平稳定的真正威胁。此次会晤在涉台湾、涉南海等问题上对中方进行抹黑攻击，粗暴干涉中国内政，蓄意挑拨中国与周边国家关系，严重违背国际关系基本准则。这次会晤向国际社会传递的真实信号是美国想在东北亚构筑"小北约式"三边同盟，把亚太推向"新冷战"。

美方声称美日韩三国领导人会晤和三边伙伴合作不针对中国，但三方发布的联合声明妄议台海局势，在南海问题上颠倒黑白，针对中国的意图欲盖弥彰。台湾问题纯属中国内政，解决台湾问题是中国自己的事。中方坚持以最大诚意、尽最大努力争取两岸和平统一的前景，但绝不接受任何人、任何势力打着和平的幌子干涉中国内政。当前台海和平的最大威胁是"台独"分裂行径和外部势力对其纵容支持。美日韩高谈"台海和平与稳定的重要性"，绝口不提反对"台独"，实质是对"台独"势力的纵容支持，只会对台海和平稳定造成严重冲击。中国在南海的领土主权和海洋权益有充分历史和法理依据，符合有关国际法和国际实践。作为域外国家，美国近年来极力插手介入南海问题，怂恿、支持个别国家海上侵权，离间地区国家同中国的关系，是南海和平稳定的搅局者和破坏者。

美日韩企图在亚太地区打造封闭排他的"小圈子"，与地区国家加强团结合作、推动地区经济一体化建设的大势背道而驰。美国政客声称美日韩三国领导人戴维营会晤是"棋盘上的一个重大举措",将改变"印太地区的战略格局"。有美国学者将美方意图解读得更加直白,称"戴维营的三边联合声明就是一种接近北约的集体安全声明"。在三国沟通机制、安全防务、供应链、科技等议题上,美方延续了其所谓"印太战略"的固有思路,大肆贩卖安全焦虑,加紧构建封闭排他的"小圈子",不惜干扰破坏亚太和平稳定、合作发展大局。尽管美方用"更加和平和繁荣的印太地区""基于法治的自由开放的国际秩序"等冠冕堂皇的话语来包装粉饰其意图,但其骨子里渗透出的冷战和零和博弈思维是遮不住的,其煽动分裂对抗、服务维霸私利的真实企图也是路人皆知的。

近年来,美方在推进其所谓"印太战略"的过程中,一直试图整合日韩,利用两国"近身"围堵中国,巩固自身霸权。美方对美日韩三国领导人戴维营会晤极尽造势,对日韩两国极尽拉拢,既暴露了美方的阴险图谋,也说明美方自知其战略设计不接地气、不合潮流。一方面,日韩之间长期存在芥蒂,特别是近年来日本在历史问题上开倒车,在安保政策上重走军事扩张之路,当前又在核污染水排海问题上采取不负责任态度,引发韩国社会广泛质疑。韩国《韩民族日报》刊文指出,韩国政府无视历史,在没有说服舆论的情况下推进韩日准同盟化的危险赌博,韩国社会难以接受。另一方面,在东北亚地区构筑"小北约式"三边同盟,并不符合日韩利益。长期以来,日韩的发展离不开亚太和平发展、合作发展的大格局、大潮流。两国如果甘于为美式霸权火中取栗,将阵营对抗和军事集团引入亚太,将地区转变为地缘争夺的角斗场,最终只会损人害己。韩国《京乡新闻》指出,美国很可能把韩国卷入不必要的纷争中,这"令人担忧"。日本《朝日新闻》也认为,如果美日韩三方合作演变成争夺霸权的阵营,会使紧张局势更加恶化。

透过美日韩三国领导人戴维营会晤,地区国家和国际社会不难看出,当前真正在亚太制造矛盾、加剧紧张的正是迄未放下霸权执念、沉迷于搞集团政治和阵营对抗的美国。面对变乱交织的国际形势,各方应当秉持人类命运共同体理念,坚持真正的多边主义,协力应对挑战。任何国家企图以牺牲他国安全利益为代价谋求自身绝对安全,最终只会破坏地区稳定,反噬自身安全。

2023 年 8 月 29 日第 17 版

后记

坚定捍卫国家利益　持续解构话语霸权

　　"钟声"评论是人民日报国际评论重要品牌，是人民日报进行国际舆论引导和舆论斗争的重要阵地。"钟声"评论始终坚持国家立场、捍卫公平正义、维护和平发展，传递稳定人心的积极力量。2023年，"钟声"评论在一系列重大涉我问题和国际问题上及时、精准、有效发声，明辨大势、坚守道义、激浊扬清，在国内外产生广泛影响。

　　"钟声"评论引导本着对历史、对人民、对世界负责的态度发展中美关系。中美两国如何相处，事关人类前途和地球未来。2023年，"钟声"评论紧跟中美关系发展动态，积极为推动中美关系实现相互尊重、和平共处、合作共赢鼓与呼，展现中国以人类前途为怀、以人民福祉为念的胸怀与格局。年初，结合国际社会对中美新一年互动态势的广泛关注，"钟声"评论主动设置议题，以3篇评论准确阐释中方有关发展中美关系的立场主张，引导美方与中方相向而行，表达捍卫国家主权、安全、发展利益的坚定立场，引发400多家境外媒体转载。中美元首旧金山会晤前后，"钟声"推出8篇评论，全面解读习近平主席有关本着对历史、对人民、对世界负责的态度发展中美关系的重要主张，全面阐述中美元首时隔一年再次面对面会晤对推动中美关系真正稳下来、好起来的积极意义，并重点围绕习近平主席提出的"共同努力浇筑中美关系的五根支柱"进行系统解读。8篇评论站位高远，立意深刻，时机精准，牢牢占据道义制高点，在重要历史时刻发挥了重要作用，在540家境外媒体落地2100多次。

"钟声"评论在重大国际舆论斗争中发挥中流砥柱、一锤定音作用。 中国以中国式现代化全面推进中华民族伟大复兴，带给世界的是机遇与希望，但国际上一些人执迷于错误对华认知，打压中国的伎俩、抹黑中国的话术不断翻新。面对外部遏制打压、抹黑攻击，"钟声"评论果断亮剑、勇于发声，坚定维护国家主权、安全、发展利益，同一切企图迟滞甚至阻断中华民族伟大复兴进程的势力开展坚决舆论斗争。2023年，面对美方政客对我政治体制进行肆意抹黑攻击，"钟声"评论零时差反应，深入揭批美式民主实为美国搞霸权霸道霸凌的工具，并从美式民主病态百出及美国打着民主的幌子祸乱世界角度，引导人们进一步认清美式民主的虚伪本质。面对"台独"势力同美国反华政客相互勾连、公然挑衅一个中国原则，"钟声"评论旗帜鲜明指出"倚美谋独""以台制华"注定失败，强调中国政府有强大能力挫败任何形式的"台独"分裂行径。围绕日方强推核污染水排海、七国集团广岛峰会肆意抹黑中国、美方持续升级对华科技打压以及涉南海、涉人权等一系列重大问题，"钟声"评论快速反应、精准反制，坚决有效维护国家核心利益和正当权益。

"钟声"评论以有理有据的论证解构形形色色的话语霸权。 2023年，美国为维护霸权，继续在全球煽动意识形态对立，不断兜售所谓"民主对抗威权"的虚假叙事，频频打着"民主""人权"的旗号对他国进行抹黑攻击。"钟声"评论以详实事实、严密论证解构美国在民主、人权问题上的话语霸权。"美国已成为全球人权发展的搅局者和阻碍者"系列6篇"钟声"评论，聚焦美国民主失序、治理失灵的现实，曝光美国"人权灯塔"始终难以照到的自身人权死角，揭批美国所谓"人权外交""民主外交"给世界带来的动荡和混乱。这些"钟声"评论在国际舆论场引起广泛关注，特别是在广大发展中国家引起强烈共鸣。打破话语霸权，倡导平等对话，才能推动人类文明进步。"钟声"评论旗帜鲜明反对将民主和人权政治化、武器化、工具化，反对以意识形态划线，展现了维护国际公平正义、弘扬全人类共同价值的有力担当。针对美方围绕"印太战略"、"经济胁迫"、北约"东进亚太"等编织的虚假话术，"钟声"评论坚持还原真相、辨清黑白，剥去各种伪多边主义的画皮，让国际社会认清霸权主义给世界带来的真正风险，倡导国际社会坚持真正的多边主义，以团结合作破解和平赤字、发展赤字、安全赤字、治理赤字。

世界大变局加速演进，世界之变、时代之变、历史之变正以前所未有的方式展开，世界进入新的动荡变革期，但人类发展进步的大方向不会改变，世界历史曲折前进的大逻辑不会改变，国际社会命运与共的大趋势不会改变。作为联合国安理会常任理事国、世界上最大的发展中国家，中国坚定站在历史正确的一边、站在人类文明进步的一边，始终是世界和平的建设者、全球发展的贡献者、国际秩序的维护者，国际社会前所未有渴望听到中国声音。响亮发出中国声音，人民日报国际评论重任在肩。"钟声"评论将坚持国家站位，坚持守正创新，不断加强对重大国际问题和国际传播规律的研究，积极传播中国声音、传递中国立场，更好为捍卫国家利益、维护国家形象作出应有贡献，为维护国际公平正义、促进世界和平发展发挥应有作用。

本书编辑组
2024 年 4 月于北京